Gutes hat bei uns Tradition.
Und Zukunft.

Traube, Post und Goldner Adler

Dorfgasthäuser in Südtirol

Oswald Stimpfl

Traube, Post und Goldner Adler

Dorfgasthäuser in Südtirol

Folio Verlag Wien – Bozen

HINWEIS

Die Auswahl der Gasthäuser für diesen Führer traf der Autor nach seinen subjektiven Kriterien; sie war nicht an einen finanziellen Beitrag der jeweiligen Häuser gebunden.

Alle Angaben erfolgen nach bestem Wissen und Gewissen. Sämtliche Informationen wurden gewissenhaft recherchiert, doch Ruhetage können sich kurzfristig ändern. Daher empfehlen wir Ihnen, sich vorher bei den einzelnen Gasthäusern telefonisch über die Öffnungszeiten zu informieren. Die beschriebenen Ausflüge werden auf eigenes Risiko unternommen; Autor und Verlag übernehmen keinerlei Haftung. Für die Wanderungen wird die Mitnahme von geeignetem Kartenmaterial empfohlen oder Sie planen Ihre Wanderung mithilfe von www.trekking.suedtirol.info.

BILDNACHWEIS

Umschlagbild: Krone, Laas, Foto: Frieder Blickle
Die Fotos der folgenden Seiten wurden uns von den jeweiligen Betrieben zur Verfügung gestellt: S. 15, 18, 24, 37, 45, 73 u., 74, 75 o., 78, 81, 92, 93, 98, 99, 101 o., 102, 103, 113, 118, 119, 122, 123, 130, 136, 141, 146, 148, 149.
Tourismusverband Schenna: S. 44
Alle übrigen Fotos stammen von Oswald Stimpfl.

SYMBOLE

Essen und Trinken
Wissenswertes
Ausflug oder Wanderung
Informationen und Adresse
Öffnungszeiten
Platzangebot
obere Preisklasse
mittlere Preisklasse
untere Preisklasse

Lektorat: Petra Tappeiner
Grafik: no.parking, Vicenza
Druckvorstufe: Typoplus, Frangart
Printed in Italy
ISBN 978-3-85256-561-3

www.folioverlag.com

INHALTSVERZEICHNIS

ÜBERETSCH UND UNTERLAND

DOLOMITEN, SCHLERNGEBIET, GRÖDEN, EISACKTAL, WIPPTAL

PUSTERTAL, GADERTAL, TAUFERER AHRNTAL

VORWORT

Seit vielen Jahren durchstreife ich Südtirol kreuz und quer, immer auf der Suche nach schönen Ecken und lohnenden Plätzen, nach dem Besonderem, das es wert ist, Freunden und Bekannten gezeigt und empfohlen zu werden. Für dieses Buch habe ich Traditionsgasthäuser in den Zentren der Südtiroler Orte besucht, die seit Generationen ein Mittelpunkt im Dorfgeschehen sind, in denen man gemütlich bei einem Glas Wein beisammen sitzt, sich zu einem Plausch oder zum Kartenspiel trifft und wo selbstverständlich auch gut gespeist wird. Südtirol hat als Land, das seit jeher an stark befahrenen Verkehrsachsen liegt, eine große Beherbergungskultur, auch der Tourismus besitzt in bestimmten Gebieten eine über hundertjährige Tradition. Trotz mancher Betriebsschließung oder unbedachter Umwidmung, Erneuerung oder misslungener Modernisierung gibt es sie noch, die Wirtshäuser, Gasthöfe und Hotels, wo Altes neben Neuem harmoniert und wo der Gast in den Stuben die Geschichte des Dorfes, der Landschaft und ihrer Menschen verspürt. Gasthauskultur ist neben Kunst und Kulturgütern ein Erbe, das es zu erhalten gilt. In diesem Sinne möchte ich die Leserin, den Leser einladen, mich auf eine Reise durch die Gasthäuser Südtirols zu begleiten, um typische Gerichte zu verkosten, zu entdecken, wo die gemütlichen Stuben sind und sich mit mir zu freuen, dass es immer mehr Menschen gibt, die erkannt haben, dass moderne Gastronomiekonzepte durchaus mit der Pflege alter Wirtshaustraditionen harmonieren können.

Oswald Stimpfl

1 : ZUM MOHREN, BURGEIS

Am Rand der Malser Haide liegt, an den Berghang des Watles gelehnt, das malerische Dorf Burgeis. Unübersehbar thront etwas oberhalb der Ortschaft – auf 1.340 m – das Stift Marienberg, Europas höchst gelegenes Benediktinerkloster. Unser Ziel, das Wirtshaus zum Mohren, befindet sich an der alten Durchgangsstraße zum nahen Reschenpass.

Am Hauptplatz von Burgeis fällt der große Steinbrunnen mit der Michaelsstatue auf. Er ist umgeben von alten Häusern mit Erkern, Freitreppen, Fresken und Fassadenmalereien. Hier steht auch das Wirtshaus zum Mohren, eine Institution innerhalb der Vinschger Gastronomie. Seit nunmehr zwölf Generationen, genauer gesagt seit dem Jahr 1665, wird der Gastbetrieb, der vor einigen Jahrzehnten durch das in unmittelbarer Nähe liegende Hotel Plavina erweitert wurde, von der Familie Theiner geführt. Der Name „Zum Mohren“ ist typisch für jene Zeit, er bezieht sich auf die Heiligen Drei Könige, von denen einer ein „Mohr“ war. Für die Gäste stehen individuell gestaltete Zimmer im Stammhaus oder im Plavina zur Verfügung. Dort misst die größte Suite ganze 90 m^2 – von der frei im Wohnraum stehenden Badewanne reicht der Blick über den Vinschgau zum eisgepanzerten Ortler! Ein berühmter Gast des Hauses war der Raketenkonstrukteur und Raumfahrtforscher Rudolf Nebel (1894–1978), auch eine chinesische Staatsdelegation logierte bereits im Mohren.

Zum Anwesen gehört ein Landwirtschaftsbetrieb, der die Küche mit vielerlei Zutaten versorgt: So stammt das Fleisch für die köstlichen Braten, Filets und Schnitzel sowie für das Gulasch und das Ragout von den eigenen Rindern. Kaum zu bewältigen ist die Mohrenplatte mit diversen erlesenen Fleischsorten und schmackhaften Beilagen! Auch die Vorspeisen, darunter Knödel und Nudelspezialitäten, werden nach bester Hausmannsart zubereitet. Die Forellen kommen frisch aus dem Bassin. Bei den Süßspeisen ist der Mohrenteller – Halbgefrorenes mit Marillenmark, garniert mit Früchten der Saison – der Renner. Die Weinkarte listet die besten Etiketten des Vinschgaus, Südtirols und anderer Regionen Italiens.

KARL PLATTNER

Eine Sonderstellung unter den Gästen des Mohren nahm der Maler Karl Plattner (1919–1986) ein, der zwanzig Jahre lang im Sommer Dauergast war und im Gasthof ein Atelier eingerichtet hatte. Plattner stammte aus Mals, arbeitete in Brasilien, Paris, Südfrankreich und Mailand. Viele seiner schönsten Werke zeigen die karge Vinschgauer Landschaft und ihre Menschen.

ZUM BERGSEE

Am Berghang nordwestlich von Burgeis liegt ein kleiner Weiher, der Bergsee (1.365 m), zu dem in einer halben Stunde ein abwechslungsreicher Wanderweg (Nr. 3) hinaufführt. Am See finden wir Tisch und Bank sowie einen Brunnen vor und genießen die wunderbare Aussicht über das Vinschger Oberland und die Malser Haide!

INFOS IN KÜRZE

Hotel Restaurant zum Mohren & Plavina ***S
Fam. Theiner
Burgeis 81, 39024 Mals
Tel. 0473 831223
www.mohren-plavina.com

Ganzjährig geöffnet, Di. und Mi. mittags Ruhetag.
In mehreren Stuben bis zu 85 Plätze, gesonderte Säle für Hausgäste,

90 Betten im 3-Sterne-Superior-Hotel mit jeglichem Komfort,
€€

2 GEMSE, PLANEIL

Wo genau befindet sich denn Planeil? Nun, das Dörfchen „versteckt" sich sozusagen bei Mals im Obervinschgau in einem kleinen Seitental. Gerade diese Abgeschiedenheit und die unkomplizierte Art der Wirtsfamilie machen den Reiz des Gasthofs Gemse aus.

Planeil liegt am Eingang des gleichnamigen Tales hoch oberhalb der Malser Haide auf knapp 1.600 m. Es ist ein typisches rätoromanisches Haufendorf mit ineinander verschachtelten Häusern, enge und steile Gassen machen den Autoverkehr fast unmöglich. Über das Gasthaus Gemse gibt es nur spärliche historische Aufzeichnungen. Sicher ist, dass kurz nach dem Ersten Weltkrieg bereits ein Gasthof dieses Namens bestand, als Besitzer scheint der Großvater des jetzigen Wirtes auf. Beim großen Brand im Jahr 1985 blieb das Haus zwar verschont, im Zuge der Dorferneuerung wurde es jedoch vollständig um- und ausgebaut.

Junior Oskar Steck hat den Kochberuf von der Pike auf gelernt und zaubert nun mit großem Elan köstliche Tiroler und italienische Gerichte auf den Tisch. Die Bauern der Umgebung liefern viele der verwendeten Produkte, der Speck kommt aus dem Ultental, Beeren, Salate, Küchenkräuter und Spargeln wachsen im eigenen Garten bei Laatsch, dem Heimatort seiner Frau Sieglinde. Wild für Braten, Gulasch und Ragout bringen die Jäger vom Revier, und in der Saison ist an Feiertagen immer Lamm im Angebot. Die Kräuter für die Tees werden eigens gesammelt. Neben den einheimischen Gästen speisen im Sommer auch gerne Italiener in der Gemse, im Herbst kehren viele bundesdeutsche Wanderer nach einer Bergtour zu Brettljausen, Omeletten und Schmarrn ein. Als Desserts sind die Marillenknödel begehrt sowie frische Preiselbeeren, der obligate Apfelstrudel und die Vinschger Schneemilch, eine lokale Spezialität aus Weißbrotstückchen, Sahne, Rosinen, Rum, Zimt und Zucker. Zu den Speisen werden vorwiegend Südtiroler Weine serviert, darunter viele Spezialitäten aus dem Vinschgau.

PLANEIL

In Planeil waren einst, so wie in den meisten alten rätoromanischen Dörfern des Vinschgaus, die Häuser, die aus Wohnbereich, Stadel und Stall bestanden, eng aneinandergebaut. Die Talbewohner lästerten, dass in Planeil die Ziegen aus den Fenstern schauen würden und nicht die Leute. Wie man sich vorstellen kann, ist das Feuer für solche Ortschaften der größte Feind: So vernichteten in den Jahren 1985 und 1986 verheerende Brände 18 Häuser. Mittlerweile ist das Dorf saniert und schön herausgeputzt.

PLANEILER ALM

Von der Pfarrkirche St. Nikolaus aus ist die Planeiler Alm (2.203 m) über einen schönen Wald- und Wiesensteig (Nr. 10) zu erreichen, der zuerst nordwärts steil in ein kleines Tälchen, dann durch hellen Lärchenwald und später fast eben über freie Wiesenflächen mit schönster Fernsicht auf die große, gut bewirtschaftete Alm führt. Rückweg über den breiten Güterweg durch das Planeiltal. 600 Hm, Hin- und Rückweg 3½ h

INFOS IN KÜRZE

Gasthof Gemse ***
Fam. Steck
Planail, 39024 Mals
Tel. 0473 831148
www.gasthof-gemse.it
Ganzjährig geöffnet,
Mo. Ruhetag.

In Schankraum und Stube 70, im geschützten, sonnigen Wintergarten 20 Plätze, 9 Zimmer und eine Ferienwohnung, Parkgarage, €

3 ZUM GOLDNEN ADLER, SCHLEIS

Am Eingang zum Schlininger Tal nahe Burgeis schmiegt sich das Dörfchen Schleis an den Berghang. Seit dem Bau der Reschenstaatsstraße liegt es abseits des Autoverkehrs und bietet sich als Ausgangspunkt für Wanderungen oder einen Besuch der nahe gelegenen kulturellen Sehenswürdigkeiten wie etwa des mittelalterlichen Städtchens Glurns, des Klosters Marienberg oder der Churburg an.

1857 erbaute Johann Agethle, ein Vorfahre der jetzigen Wirtsleute und seinerzeit Abgeordneter im Landtag zu Innsbruck, etwas oberhalb der Kirche das Gasthaus zum Goldnen Adler und verlegte die Schanklizenz vom alten Wirtshaus an der Etschbrücke hierher. Sechs Gästezimmer und einen Saal hatte die Gaststätte damals. Eine Freitreppe aus blendend weißem Laaser Marmor (erbaut 1888) führt heute noch in den ersten Stock zu den getäfelten Wirtsstuben mit den Ahnenporträts. In den 1970er-Jahren wurde das Haus umgebaut, zum Glück blieb von der alten Einrichtung viel erhalten. Zum Gastbetrieb gehört eine Landwirtschaft, welche Almkäse, Fleisch, Speck, Kartoffeln, Birnen sowie Äpfel für den Apfelsaft und Kräuter für die Küche liefert. Den Wein kauften die ersten Generationen der Wirtsleute ca. 50 Jahre lang in Algund. Als dieser Wein nicht mehr den Erwartungen der Bauern und Gäste entsprach, holte man ihn 1890

das erste Mal von der Kellerei Brigl aus Girlan. Dazu war Anton Agethle 3 volle Tage mit seinem Pferdefuhrwerk unterwegs!
Als richtiges Kirchenwirtshaus ist der „Agethle", wie es die Einheimischen nennen, eine der Drehscheiben des Dorfgeschehens, von Taufen über Hochzeiten bis zu Beerdigungen werden hier sämtliche Feiern abgehalten.

Juniorchef Hans Agethle, gelernter Koch und Hotelfachmann, hat das traditionsreiche Gasthaus in einen effizienten Hotelbetrieb mit exzellenter Küche umgewandelt. Der Kreis der Gäste wird immer internationaler, es kommen aber auch viele Südtiroler. Sie schätzen vor allem die Vielfalt auf der Speisekarte: Dort finden sich etwa Waffeln vom Schüttelbrot mit Räucherforellenmousse und Geselchtem, Polentaknödel auf Gorgonzolasauce, Saiblingsfilet auf dreierlei Rüben, soufflierter Pala-Birnen-Schmarrn mit Zimteis und Zwetschken. Die Speisen variieren je nach Jahreszeit, traditionelle Rezepte werden modern interpretiert. Auf der Weinkarte stehen beste Südtiroler Weine nebst einer Auswahl an österreichischen Tropfen, viele davon gibt es glasweise.

DIE FLUTKATASTROPHE VON 1855

Am 16. Juni 1855 ließ ein regelrechter Wolkenbruch den Wasserstand der Seen am Reschen steigen, ein katastrophaler Dammbruch war die Folge: Die Etsch schwoll zu einer tosenden, zerstörerischen Flut an, die durch die Dörfer donnerte und alles niederwalzte, was im Wege stand. Allein in Schleis wurden 13 Häuser weggerissen, es entstand ein riesiger Sachschaden. Aus allen Teilen der Monarchie wurde für die Flutopfer gespendet, dennoch dauerte es Jahre, bis die Wunden verheilt waren.

INFOS IN KÜRZE

Gasthof zum Goldnen Adler, Fam. Agethle
Schleis 46
39024 Mals
Tel. 0473 831139
www.zum-goldnen-adler.com

Von Anfang Nov. bis Weihnachten geschlossen, Do. Ruhetag, an Sonn- und Feiertagen ist Vormerkung dringend angeraten.

In den drei Stuben bis zu 70 Plätze, 12 Zimmer, €€

4 LAMM, LAATSCH

Zwischen Mals und Glurns öffnet sich das Münstertal zur Schweiz hin. Am Eingang des Tales schmiegt sich das Dörfchen Laatsch an den Berghang. Einst lag der Ort an der wichtigen Straße nach Chur und in die Lombardei, mittlerweile ist es ruhiger geworden. Ein Grund mehr, im alten, traditionsreichen Gasthof Lamm einzukehren.

Bereits im späten Mittelalter werden in Laatsch – nicht zu verwechseln mit dem im unteren Vinschgau gelegenen Ort Latsch – Gastwirte erwähnt: 1339 taucht ein Ulricus Tabernarius auf, 1402 ein Nicola Weinschenkh, beide übten möglicherweise im Gebäude des Lamm ihr Gewerbe aus. Jedenfalls ist das Gasthaus einige Jahrhunderte alt. 1850 sind Ignaz Stocker und seine Frau Amalia Reinstadler die Inhaber. Deren Tochter Amalia heiratete 1885 Josef Wallnöfer und verhalf den Wallnöfern zum Übernamen „Mala" („Amalia" im Volksmund). Der Mala Pepi war weitum als Original und Galionsfigur der Vinschger Gastfreundschaft bekannt, jetzt bewirten seine Witwe Rosa und Sohn Oswald mit Brigitte die Gäste. Die gemütliche, getäfelte Gaststube liegt im ersten Stock, der weiß-grün glasierte alte Kachelofen sorgt für eine wohlige Atmosphäre.

Nach dem Motto „einfach und gut" kommt vieles aus der eigenen Landwirtschaft auf den Tisch wie beispielsweise das Fleisch für die Schlachtplatten und der Lammbraten. Täglich verdrücken Arbeiter hier ein schnelles und üppiges Mittagsgericht. Auf Bestellung werden „roggene Krautnudeln" zubereitet, Schupfnudeln aus Roggenmehl, die gemischt mit Sauerkraut als Hauptspeise verzehrt werden. Der Speck ist hausgemacht. Die reduzierte Weinkarte passt zum Ambiente, sie listet vorwiegend Weine der Kellerei St. Pauls.

FASNACHT IN LAATSCH

Alle zwei Jahre wird in Laatsch am Aschermittwoch die Fasnacht begraben. Dabei zieht ein Trauerzug mit Sarg, Pfarrer, Plärrweibern, Totengräbern und einem Ziehorgelspieler durchs Dorf. Im Gasthaus Lamm ist bei einem Leichenschmaus mit Stockfischgröstl Endstation des makabren Spektakels, das ausschließlich von verkleideten Männern bestritten wird.

ST. LEONHARDSKIRCHE

In der St. Leonhardskirche ist nicht nur der spätgotische Flügelaltar (Ende 15. Jh.), der der Werkstatt von Hans Schnatterpeck zugeordnet wird, sehenswert, auch die qualitätsvollen Fresken (Anfang 15. Jh.) lassen Kunstliebhaber staunen. Ungewöhnlich ist, dass die Straße durch einen Tunnel unterhalb der Kirche verläuft! Geführte Besichtigungen: Tourismusbüro Mals, Tel. 0473 831190. Dass es neben der erwähnten Kirche noch die Pfarrkirche zum hl. Lucius und die Cäsarius-Kirche (im etwas abgelegenen Ortsteil Flutsch) gibt, verdeutlicht die Frömmigkeit der Einwohner von Laatsch.

INFOS IN KÜRZE

Gasthof Hotel Lamm
Fam. Wallnöfer
Laatsch 72
39024 Mals
Tel. 0473 831336
www.lammlaatsch.it

Ganzjährig geöffnet, Do. Ruhetag.
In den Stuben und Sälen bis zu 100 Plätze, 23 gut ausgestattete Zimmer, Sauna, €

5 ZUR POST, GLURNS

Glurns, die zweitkleinste Stadt des Alpenraumes, erhielt bereits 1304 das Stadtrecht. Von ihrer Bedeutung zeugen noch heute die alten Laubengassen und die schönen Bürgerhäuser. Das malerische Ortsbild wird von der einzigen vollständig erhaltenen Stadtmauer Südtirols bestimmt, an der sich auch das mittelalterliche Gebäude des Gasthofs zur Post befindet.

Das ehemalige Liechtensteinhaus ließ Jörg von Liechtenstein um 1500 errichten. Der Amtmann am Gericht von Glurns war auch einer der Erbauer der Stadtmauer. Nachdem der Ansitz 1904 in den Besitz der Familie Karner überging, gewann er als Postgasthaus Bedeutung. Ebenerdig wurden die Fuhrwerke und Waren untergebracht, in den Stallungen die Pferde und die Fuhrknechte, während es sich die Herrschaften im ersten Stock bequem machten. Wie in vielen historischen Gaststätten führt auch bei diesem ansehnlichen Gebäude eine Freitreppe zu den Räumen im Obergeschoss. Der große getäfelte Speisesaal wird das „Herrenzimmer" genannt. Wo ehemals die alte Selchküche war, befindet sich jetzt ein elegantes Speisezimmer. Haken und Ringe an der Decke bezeugen noch, dass hier einst Selchwürste hingen. Die Gästeschar ist bunt gemischt: Schweizer und italienische Touristen, Kulturreisende, Radler und Motorradfahrer sowie die Teilnehmer am Frühjahrsmeeting des Max-Planck-Instituts beleben die ehrwürdigen Räume und lassen sich die guten Speisen schmecken.

Die Küche ist bodenständig und überzeugt ganz ohne Schnörkel – eine gekonnte Mischung aus italienischer und Tiroler Kost. Auf der Tageskarte finden sich neben mediterranen Gerichten auch Selchkarree, Spatzln, Waldpilze, Kartoffelnocken und als Nachspeise im Herbst Schmarrn mit Pala-Birne, der typischen Vinschger Frucht. Für Vegetarier gibt es eine Hausplatte mit 10 verschiedenen gekochten Gemüsesorten und einem Spiegelei. Vieles kommt aus dem eigenen großen Garten, der an die mittelalterliche Stadtmauer grenzt. Etwa 100 Hühner, die in der Wiese scharren, sorgen für frische Eier. Im Schutz der hohen Mauer gedeiht auch ein Feigenbaum. Die umfangreiche Weinkarte, die sowohl repräsentative Südtiroler als auch viele italienische Weine listet, lässt kaum Wünsche offen.

DIE SCHLACHT AN DER CALVEN

Die Habsburger, seit 1363 Herren von Tirol, versuchten, die Rechte des Churer Bischofs im Vinschgau zu beschneiden und ihre Besitzansprüche in der Bodenseegegend geltend zu machen. Ständige Auseinandersetzungen mit den schweizerischen Bünden waren die Folge. Schließlich kam es 1499 unweit von Glurns zur „Schlacht an der Calven", bei der das habsburgische Heer vernichtend geschlagen wurde. Im Anschluss plünderten und verwüsteten die Bündner Glurns. Daraufhin ließ Maximilian I. starke, bis zu 10 m hohe Stadtmauern errichten, die jedoch keinem Angriff mehr standhalten mussten.

INFOS IN KÜRZE

Gasthof zur Post ***
Fam. Karner
Flora Str. 15
39020 Glurns
Tel. 0473 831208
www.hotelpostglorenza.com

Vom 6. Jän. bis Palmsonntag geschlossen, kein Ruhetag.
30 moderne Zimmer, in den verschiedenen Speiseräume (Herrenzimmer, Salon, Stübele, Tirolerstube) finden bis zu 150 Personen Platz,

6 ZUR SONNE, STILFS

Im Obervinschgau zweigt bei Prad ein Seitental zum Stilfser Joch ab, das beeindruckend von den nahen vergletscherten Gipfeln der Ortlergruppe überragt wird. Auf einer sonnigen und steilen Moränenschulter liegt Stilfs, ein charakteristisches Haufendorf mit eng aneinander gebauten Häusern, schmalen Gassen und – mittendrin – dem Gasthof zur Sonne.

Die Wurzeln des Dorfes reichen bis ins Mittelalter zurück. Die Realteilung innerhalb der romanischen Bergbauernwirtschaft, nach der das Erbe auf alle Kinder aufgeteilt wird, spiegelt sich in den kleinen, verwinkelten Steinhäusern von Stilfs wieder. Wo jetzt das Gasthaus zur Sonne steht, wird 1840 ein „Haus auf Gront, Crämer" (Gemischtwarenhandlung) erwähnt, beim großen Dorfbrand 1862 scheint bereits ein Alois Platzer, Wirth, auf. 1888 baute der Bergführer Alois Pichler das Gasthaus um, in den 1930er-Jahren gelangte es in den Besitz der Familie Hofer. Wo jetzt Terrasse und Parkplatz sind, waren zu der Zeit noch Stall und Stadel angebaut. Zug um Zug entstand ein komfortables Gasthaus und Hotel mit modernen Gästezimmern und einer Wohlfühlabteilung. Mittlerweile gilt das Gasthaus als das beste Haus am Platz, das Liebhaber guter Küche magisch anzieht.

Seit Paul Hofer nach fundierter Ausbildung die Küche im elterlichen Betrieb übernommen hat, reicht der kulinarische Ruf der „Sonne" weitum – ohne Vormerkung ist an Sonntagen kaum ein Platz zu ergattern. Auf der Speisekarte tummeln sich Tiroler neben mediterranen Gerichten, so z. B. Kalbsschulternahtl in Lagrein geschmort, hausgemachte Curry-Tagliolini mit Gemüsestreifen und Garnelen; im Frühling finden sich Spargelrisotto oder Spargelcremesuppe auf der Karte, im Sommer Polenta und Pfifferlinge. Immer gibt es allerlei

Knödel oder Kasnocken mit Walnussbutter. Probierenswert ist der pochierte Kaninchenrücken im Karotten-Lauch-Mantel sowie der Apfelstrudel. Für das ansprechende, vorwiegend mit Südtiroler Etiketten ausgestattete Weinsortiment ist Freundin Manuela Angerer, geprüfte Weinfachfrau (Sommelière), zuständig. Als Hausmarke werden ein guter Vernatsch und ein Weißburgunder gereicht, die die Kellereigenossenschaft Girlan eigens für die Sonne etikettiert und abfüllt.

EIN MEUCHELMORD AM STILFSER JOCH

Ein weit zurückliegendes Ereignis hat sich tief ins Bewusstsein der Bewohner von Stilfs geprägt: Am 16. Juli 1876 stieß der englische Kaufmann Henry Perreau de Tourville auf der Stilfser-Joch-Straße seine Frau Madeleine Miller in die Tiefe, um an ihr Erbe zu gelangen. Der Mord wurde aufgeklärt, die Richter in Bozen verurteilten Tourville zum Tode, später wurde er zu 20 Jahren Haft begnadigt und starb schließlich im Grazer Gefängnis. Ein Marmorgedenkstein an der Straße beim „Weißen Knott" erinnert heute noch an die dort verübte Mordtat.

INFOS IN KÜRZE

Gasthof Hotel zur Sonne ***
Fam. Hofer
Dorf 29, 39029 Stilfs
Tel. 0473 611750
www.stilfs.it

Pfingsten bis Allerheiligen und eine Woche vor Weihnachten bis eine Woche nach Ostern geöffnet, Mai und Nov. geschlossen, kein Ruhetag.

In den Stuben bis zu 80 Plätze, vor dem Haus 30 Plätze auf der Panoramaterrasse, 12 Komfortzimmer, Wellnessabteilung, €

7 ⋮ ZUR KRONE, LAAS

Am Fuß des riesigen Gadria-Murkegels, der sich vom Sonnenberg zur Etsch hinschiebt, liegt – im Herzen des Vinschgaus – das „Marmordorf" Laas. Seit die Umfahrungsstraße den Durchgangsverkehr vom Ort fernhält, ist es ruhig und beschaulich geworden in den Gassen von Laas mit den so gar nicht tirolerisch anmutenden aneinandergereihten Häuserzeilen. Am Dorfplatz kennzeichnet ein schön geschmiedetes Wirtshausschild unser Ziel, das Gasthaus zur Krone.

Auch wenn das Kellergewölbe des Gasthofs aus dem Mittelalter stammt, scheint erst um 1779 ein gewisser Philipp Oberdörfer als Eigentümer der „Wirtsbehausung auf dem Platz in der goldenen Krohn" auf. Danach folgt ein Besitzer dem nächsten, weshalb Maridl Stieger die Krone gern als „Wanderhaus" bezeichnet. Als Maridl vor nunmehr 16 Jahren als Sekretärin in Rente ging, stieg sie beherzt in den elterlichen Gastbetrieb ein und ließ das einfache Wirtshaus von dem renommierten Architekten Walter Dietl und dem Künstler Jörg Hofer umgestalten. Ebenerdig befindet sich nun ein gemütliches Gastlokal, die Kellerräume werden als Galerie genutzt und im „kleinen Zimmer" ist Platz für Besprechungen und Familienfeiern. Die Bezeichnung „Kulturgasthaus" hört Maridl aber nicht gerne – es sei einfach ein Dorfgasthaus, ein Treffpunkt für die Menschen, meint sie.

Die Küche wird von Maridls Schwester Olinda Strimmer geführt, die jeden Tag für ein gutes Mittagsgericht wie etwa Gulasch oder Schöpsenbraten mit einer Beilage oder Knödel mit Speck, Käse, Pilzen oder Spinat sorgt. Zur Aprikosenzeit sind die Marillenknödel ein Klassiker, aber auch andere süße Köstlichkeiten wie Marillenkuchen oder Marilleneis werden gerne bestellt. Etwas Besonderes ist der Ribl mit Marillenkompott. Ribl besteht aus geraspelten und mit Roggenmehl vermischten Kartoffeln, die krümelig abgebraten werden – ein einfaches aber sehr schmackhaftes Gericht! Berühmt sind die diversen Obstkuchen, je nach Jahreszeit mit Pflaumen, Rhabarber, Birnen oder Äpfeln. Vorzüglich schmecken die hausgemachten Säfte aus Johannisbeeren, Holunder und Marillen. Die Weine kommen zum Großteil aus dem Vinschgau, bei der Verdauung helfen die Schnäpse vom Fohlen- und vom Außerloretzhof. Neu ist ein Apfelsekt mit wenig Alkohol von einem Laaser Biobauernhof.

LAASER MARMOR

Pflastersteine, Gesimse, Treppen, Denkmäler und Kirchenapsis – in Laas ist der weiße Marmor allgegenwärtig! Dies erklärt den Beinamen „Marmordorf". In den nahen Bergen gebrochen und mit einer Standseilbahn zu Tal gebracht, hat dieses Gestein die Entwicklung von Laas entscheidend beeinflusst. Um die Mitte des vorigen Jahrhunderts begann der Abbau und Export im großen Stil. Einen der größten Aufträge erhielten die Marmorwerke nach dem Zweiten Weltkrieg, als 86.000 weiße Steinkreuze für die gefallenen und auf europäischen Friedhöfen begrabenen amerikanischen Soldaten angefertigt wurden.

INFOS IN KÜRZE

Gasthof zur Krone
Maria Stieger
Hauptplatz 10
39023 Laas
Tel. 0473 626533
www.krone-laas.it

Von März bis Dezember geöffnet, Mo. Ruhetag.
In der „Schwemme" und im Hinterzimmer 60 Plätze, vor dem Haus 40 Plätze an Gartentischen,

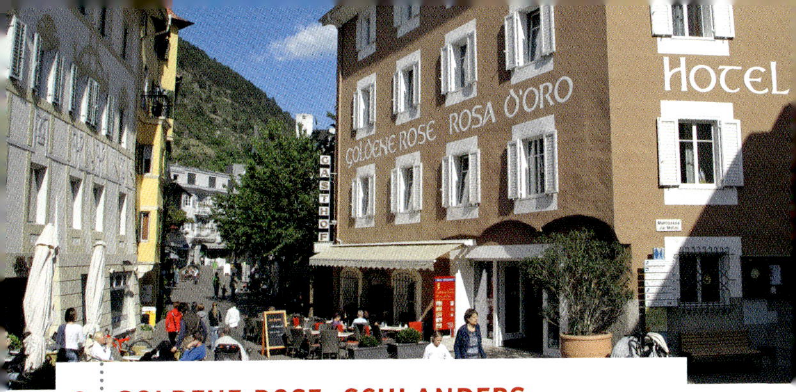

8 GOLDENE ROSE, SCHLANDERS

Schlanders hat mit seiner lebhaften Fußgängerzone fast schon den Charakter einer Kleinstadt. Der Hauptort des Vinschgaus ist Schul- und Verwaltungszentrum sowie Sitz des Bezirkskrankenhauses, die Gebäude zur Äpfelverarbeitung am Ortsrand zeugen vom Wohlstand, den der Vinschger Apfel ins einstige Armenhaus Tirols gebracht hat. In der Ortsmitte hält die Goldene Rose die Fahne der traditionellen Wirtshauskultur hoch.

Die bis zu 1,40 m dicken Grundmauern des Keller- und Erdgeschosses stammen aus dem Mittelalter: Nachweislich wird die Goldene Rose bereits im 13. Jh. erwähnt. Einst floss der Mühlbach in der Nähe vorbei, weshalb der Gasthof im 16. Jh. den Namen „Zur Brücke" trug. Der rückwärtige Teil wurde lange als Scheune und Stall genutzt, denn zum Wirtshaus gehörte ein Landwirtschaftsbetrieb mit Kühen, Pferden und Schweinen. Bis in die 1970er-Jahre war in dem Gebäude auch eine Metzgerei untergebracht. Im Jahr 1938 wurden die ersten Gästezimmer eingerichtet, 1954 verlegten die Wirtsleute die Gaststube vom ersten Stock ins Parterre. Mit dem letzten größeren Umbau in den 1980er-Jahren erhielt das Haus schließlich seine heutige Größe. 1828 übernahm die Familie Wielander die Wirtschaft, mittlerweile führen Thomas und seine Frau Agnes den Betrieb: Er kümmert sich um Küche und Keller, sie um den Service, und gemeinsam betreuen sie die Gäste des Hotels – bei 74 Betten fällt viel Arbeit an!

Das Restaurant profitiert einerseits von der zentralen Lage, andererseits vom guten Ruf der Küche, die für die ausgewogene Mischung aus Tiroler und italienischer Kost bekannt ist. Mittags gibt es ein schnelles und preiswertes Tellergericht, je nach Jahreszeit mit Spargeln oder Bärlauch, daneben hausgemachte Teigwaren, Spinat- und Speckknödel sowie Käsenocken. Auch kleine, traditionelle Speisen wie Würstl mit Sauce oder die Saure Suppe, die im Herbst angeboten wird, stehen auf der Karte. Thomas ist Jäger und sorgt für den Nachschub beim Wild. Die Auswahl an Kuchen ist aufgrund des zum Gastbetrieb gehörenden Straßencafés entsprechend groß, beliebt

sind der Topfenstrudel sowie die Schnitten und Rouladen mit Äpfeln oder Beeren. Ein besonderes Lob verdient die grafisch sehr ansprechend gestaltete Weinkarte, die vor allem Südtiroler Etiketten listet.

ST. ÄGIDIUS AM SCHATZKNOTT

Ein lohnendes Ausflugsziel ist St. Ägidius am Schatzknott oberhalb von Kortsch. Das weiß getünchte Kirchlein mit dem gemauerten spitzen Turmhelm ist etwa 700 Jahre alt. Von der südlichen Außenmauer grüßt ein großes Fresko, das den hl. Christophorus, den Schutzheiligen der Wanderer, darstellt. Vom Dörfchen Kortsch westlich von Schlanders führt ein Spazierweg den Ilswaal entlang zum Kirchlein, daran vorbei und über einen Promenadenweg durch Wein- und Obstgärten mit toller Aussicht übers Etschtal nach Schlanders hinab. Markierungen Nr. 5, 2, und 4, Gehzeit 40 Minuten. Info: Tourismusverein Schlanders-Laas, Tel. 0473 730155, www.schlanders-laas.it

INFOS IN KÜRZE

Hotel Goldene Rose ***
Fam. Wielander
Fußgängerzone 73
390428 Schlanders
Tel. 0473 730218
www.hotel-goldenerose.it
Ganzjährig geöffnet, So. Ruhetag.
In den Stuben, Sälen und geschützten Innenhöfen bis zu 200 Plätze, vor dem Haus 20 Plätze an Straßentischen, 36 Zimmer, 3 Appartements, €€

9 UNTERWIRT, SCHNALS

Im Schnalstal, genauer gesagt im Wallfahrtsort Unser Frau, lohnt sich die Einkehr in einen der ältesten und traditionsreichsten Gastbetriebe des Tales: Der Unterwirt sorgt für eine ausgezeichnete Stärkung – unter anderem mit der „Nationalspeise" der Schnalser, dem Schöpsernen.

Schnals, das auch durch den Fund des Ötzi Bekanntheit erlangt hat, hat sich von einem abgeschiedenen Hochtal zu einem modernen, viel besuchten Urlaubsgebiet entwickelt. Ein Damm staut den Vernagtsee zur Elektrizitätsgewinnung, kurz davor liegt der Hauptort Unser Frau mit dem Unterwirt. Ein urkundlicher Beleg für den Wirtsbetrieb geht auf das Jahr 1694 zurück. Ursprünglich gab es in dem historischen Gebäude, das im 13. Jh. errichtet wurde, eine eigene „Hausbäckerei mit Pilgerherberge". Das unter Denkmalschutz stehende Haus zählt zu den ältesten Gasthöfen des Schnalstals und ist außen noch im Originalzustand erhalten. Innen wurde es angemessen restauriert. Eine Besonderheit ist die im Erdgeschoss gelegene getäfelte Gaststube. Einst führte die Straße direkt an der Rückseite des Hauses vorbei, wo auch heute noch der Haupteingang liegt, die neue Talstraße hingegen zieht am Dorf vorüber.

Nicht nur das frisch gebackene Brot lockt die Gäste zum Unterwirt, auch die Köstlichkeiten aus der Küche, für die Frau Resi Spechtenhauser – die schon mit 15 Jahren ins Gastgewerbe ging und in Grödner Hotels das Kochen lernte – verantwortlich ist, werden weitum geschätzt. Zu den einfachen einheimischen Gerichten gehö-

ren große, ungewöhnlich lockere und saftige Kasknödel. Das Geheimnis ist der fein geschnittene Mozzarella, der in den Knödelteig kommt. Außerdem stehen Speckknödel, Schmarrn und natürlich das Schöpserne (Hammelbraten) – das Lieblingsgericht der Schnalser – auf der Karte. Auf Bestellung gibt es auch Wild, das von Schnalser Jägern geliefert wird. Am Abend wird der Pizzaofen in Betrieb genommen. Bereits seit 25 Jahren ist ein und derselbe Pizzabäcker am Werk, dessen Unterwirt-Pizza nicht nur von den Einheimischen, sondern auch von den italienischen Gästen sehr geschätzt wird. Kein Wunder, schließlich sorgt der talentierte Brotbäcker des Hauses für die Zubereitung des Pizzateigs!

SCHNALSER BROT

Schon seit Jahrhunderten wird beim Unterwirt Brot gebacken. Das bezeugt ein vergilbtes Fresko an der Westfront des Hauses, das Vinschgerlen, Wecken und Brezeln abbildet. Die Familie Spechtenhauser liefert ihre Brote nicht nur ins Tal, sondern auch in die Meraner Gegend. Bio-Vollkornmehl aus Weizen und Roggen wird zu köstlichem Vollkornbrot gebacken, das Holzofenbrot kommt aus dem Pizzaofen. Das Schnalser Brot enthält Naturjoghurt und als Treibmittel Natursauerteig, das Vinschgerle schmackhaften Kümmel und Fenchel. Im Hinblick auf die lange Tradition des Wallfahrtsortes gibt es auch ein eigenes Pilgerbrot.

INFOS IN KÜRZE

Restaurant Pizzeria
Bäckerei Schnalser Unterwirt
Fam. Spechtenhauser
Unser Frau 36, 39020 Schnals
Tel. 0473 669676 oder
0473 669800

www.schnalser-unterwirt.com
Do. Ruhetag
In drei Stuben
120 Plätze,

10 ZUM ADLER, NATURNS

Naturns im Untervinschgau, am Rand der Texelgruppe gelegen, hat mit dem Adler nicht nur ein traditionsreiches Wirtshaus zu bieten, auch kulturell lohnt sich eine Besichtigung des Ortes. Zu den einmaligen Sehenswürdigkeiten zählt neben dem Schloss Juval, heute Wohnsitz von Reinhold Messner, vor allem das St.-Prokulus-Kirchlein mit seinen einzigartigen frühmittelalterlichen Wandmalereien.

Der Adler, ein stattliches Gebäude im Zentrum von Naturns, ist seit Jahrhunderten ein gut besuchtes Wirtshaus an der Straße durch den Vinschgau. Im Mittelalter gab es im Ort acht Gasthöfe, das älteste wurde bereits 1370 als das „Obere Gasthaus" bezeichnet, auf der gegenüberliegenden Seite entstand das „Untere Gasthaus". Erst 1717 wurde Letzteres unter dem Namen „Schwarzer Adler" erwähnt, der noch heute verwendet wird. Aus dieser Zeit stammt auch der geschnitzte mächtige Bundwerkgiebel. Das Fresko der hl. Familie am Haus trägt die Jahreszahl 1772. Zu den Gaststuben im ersten Stock führen eine gemauerte Freitreppe und eine steingerahmte Spitzbogentür. Über die tief ausgetretenen Stufen aus weißem Marmor sind im Laufe der Jahrhunderte unzählige Gäste gestiegen, das große schmiedeeiserne Wirtshausschild weist den Weg. Seit nunmehr 20 Jahren sind die Pichlers die Pächter. Unter ihrer Aufsicht wurde das historische Gebäude im Frühjahr 2011 gründlich renoviert.

Während Rudolf Pichler in der Küche waltet, kümmert sich seine Frau Christine um den Service. Die Karte listet eine gute Mischung aus schnellen, einfachen Speisen, wobei sich italienische und bodenständige Südtiroler Gerichte die Waage halten. Neben verschiedenen Pizzas gibt es auch Spezialitäten wie Grillgerichte, die den Ruf des Wirtshauses ausmachen: der gemischte Filetspieß etwa oder das Ochsen-Filet, die Nudelplatte mit fünf verschiedenen Nudelgerichten sowie der gemischte Hausspieß. Schlutzkrapfen und Gerstsuppe ergänzen das Angebot. Je nach Jahreszeit werden Produkte aus der Region verwendet, wie zum Beispiel frische Pilze oder das Kraut zu den Knödeln mit Geselchtem im Herbst.

ST.-PROKULUS-KIRCHE UND MUSEUM

Auf kulturell Interessierte wartet in Naturns nicht nur das sehenswerte alte Kirchlein (im 7. Jh. errichtet), sondern auch das gegenüberliegende, unterirdisch angelegte Prokulus-Museum. Es empfiehlt sich, zuerst das Museum zu besuchen und anschließend die Kirche, die dem Veroneser Bischof Prokulus (4. Jh.) geweiht ist, mit Führung zu besichtigen. Die Fresken, die zu den wertvollsten und auch ältesten Kunstschätzen Mitteleuropas zählen, entstanden im 7. bzw. 8./9. Jh. Berühmt ist die symbolische Darstellung der Flucht des Prokulus über die Stadtmauer von Verona.

Öffnungszeiten Kirche: Anf. April–Mitte Okt. 9.30–12, 14.30–17.30 Uhr, Mitte Okt.–Anf. Nov. 9.30–12, 14–17 Uhr, Mo. Ruhetag, Führungen: 10 und 15 Uhr, Tel. 0473 667312, 348 9203829.

Öffnungszeiten Prokulus-Museum: Anf. April–Anf. Nov. 9.30–12, 14.30–17.30 Uhr, Mo. Ruhetag. Für Führungen ist eine Anmeldung erforderlich, Tel. 0473 673139. Weitere Infos: www.prokulus.org

INFOS IN KÜRZE

Restaurant Pizzeria zum Adler, Pächter Fam. Pichler
Hauptstraße 45
39025 Naturns
Tel. 0473 668288
www.zumadler.eu

Ganzjährig geöffnet, Fr. Ruhetag.
In zwei Stuben und im neu ausgebauten Wintergarten bis zu 80 Plätze, €

11 ⋮ HANSWIRT, RABLAND

Geografisch beginnt der Vinschgau nach der Geländestufe bei der Töll, wo sich die Landschaft in ihrer ganzen Schönheit präsentiert: Das breite, von der Etsch durchzogene Tal, das üppig mit Obst- und Weingärten bestanden ist, wird von steilen Berghängen flankiert. Hier liegt das Dorf Rabland mit dem traditionsreichen Gasthaus Hanswirt.

Der Hanswirt vermittelt schon durch sein stattliches Äußeres mit dem hölzernen Giebel, der weißroten Bemalung der Fensterläden, dem Wappenfresko und der großen Außentreppe das Flair eines gut geführten Wirtshauses. Der Grundstein für das Gebäude des jetzigen Gasthofs wurde wahrscheinlich im 8. Jh. gelegt, im 16. Jh. kam der einstige Stainer-Hof in den Besitz der Familie Laimer – aus dieser Zeit stammt auch das Fresko, das den Speisesaal schmückt. Ursprünglich war der Gastbetrieb eine beliebte Rast- und Einkehrstation der Fuhrleute, die über die Töll in den Vinschgau unterwegs waren. Im Hanswirt wurden die Pferde gewechselt sowie Frachten und Güter aus- und umgeladen. Mittlerweile hat sich zum Gasthof ein gut gehender Hotelbetrieb hinzugesellt: Im neuen Zubau bieten stilvoll eingerichtete Zimmer jeglichen Komfort. Zu den Gästen zählen Geschäftsreisende, Wanderer, Touristen und viele Durchreisende, die bewusst ein gutes Essen beim Hanswirt einplanen.

Im Familienbetrieb steht Georg Laimer persönlich in der Küche und sorgt für die tollen Gerichte. Seine Kinder Gerlinde und Matthias drängen schon nach, während sich Schwager Markus Palla um die Verwaltung kümmert. Jede Woche ändert sich die Speisekarte und setzt verschiedene Schwerpunkte: So gibt es Spargelgerichte, Frühlingsgemüse, leichte Sommergerichte sowie Fisch und Fleisch. Die Teigwaren sind hausgemacht und bilden eine Alternative zur „Bauernküche" mit einheimischen Spezialitäten wie Knödeln, Gulasch oder geschnetzelter Kalbsniere mit Reis. Die Weinkarte ist die Domäne der jungen Gerlinde Laimer. Die Weinselektion des Hauses wurde zur besten des Landes gekürt. Sie enthält Weine aus Südtirol und anderen Regionen sowie Dessertweine und besondere Destillate. Zwei Weine stammen aus den hauseigenen Weingütern: eine Cuvée aus Weißburgunder und Müller-Thurgau sowie ein Blauburgunder aus der Lage „Gand".

DER MEILENSTEIN IN RABLAND

Zur Zeit der Römer verlief die berühmte *Via Claudia Augusta* durch Rabland. Dies wurde durch den Fund eines wertvollen Meilensteins im Jahre 1552 belegt. Der zu Ehren von Kaiser Claudius errichtete Meilenstein stammt aus dem Jahr 46 n. Chr. und trägt eine in klassischem Latein verfasste Inschrift. Heute befindet er sich im Stadtmuseum von Bozen, eine Kopie ist beim Gasthof Hanswirt zu bestaunen.

EISENBAHNWELT

In einem ehemaligen Stadel des Hanswirts ist ein einmaliges Museum untergebracht: die größte digitale Modelleisenbahnanlage Italiens. Neben mehr als 20.000 Modelleisenbahnstücken lassen sich hier auch die Sehenswürdigkeiten Südtirols in Miniaturformat bestaunen.
Infos: Tel. 0473 521460, www.eisenbahnwelt.eu

INFOS IN KÜRZE

Hotel Hanswirt ****S
Fam. Laimer
Geroldplatz 3
39020 Rabland/Partschins
Tel. 0473 967148
www.hanswirt.com

Kein Ruhetag, geöffnet von März bis Mitte Nov. und Anfang Dez. bis 6. Jan.

Hotel mit 50 Betten, in mehreren Sälen und Stuben 120 Personen, im Obergeschoß Saal für 110 Personen, auf der Terrasse Platz für 40 Personen,

12 WEISSES RÖSSL – ZOLLWIRT, PARTSCHINS

Die Straße ins Vinschgau überwindet bei Forst eine Geländestufe, die Töll. An dieser Talenge befand sich einst eine Einhebungsstelle für den Wegezoll. Darauf deutet auch der Name des Zollwirtes hin, der direkt an der Straße liegt.

Die Zolleinhebungsstelle, die im jetzigen Wirtshaus und den danebenliegenden Bauernhöfen, dem Zollbauern und dem Steidlhof, eingerichtet war, kann bis ins 13. Jh. zurückverfolgt werden – eine Tafel am Haus gibt Auskunft darüber. Im Gebäude finden sich Reste eines Kreuzrippengewölbes aus der Gotik, in der heutigen Gaststube war ehemals eine Kapelle untergebracht. Die Pferde, die den Wagen zum Überwinden der Töllsteigung vorgespannt waren, wurden hier ausgewechselt und in großen Stallungen eingestellt. Während der Zeit des Baus der Vinschger Bahn (1903–1906) blühten die Geschäfte mit den Bauarbeitern und Technikern, die hier untergebracht und verköstigt wurden, danach waren die goldenen Zeiten vorbei. In den 1920er-Jahren wurde das Gasthaus in Weißes Rössl umbenannt, für die Dorfbevölkerung blieb es aber weiterhin der Zollwirt. Die heutige Führung trug dem Rechnung und führt nun diese Zusatzbezeichnung. Das Wirtshaus ist ein beliebter Treffpunkt der Einheimischen, die sich in der Gaststube zu beliebten Kartenspielen wie Sacken, Schiebete Ass oder dem weitum verbreiteten Watten versammeln.

Aus der Küche kommen große Portionen typischer Bauerngerichte, beliebt sind die Gerstsuppe mit Selchfleisch, das saure Rindfleisch, der Kalbskopf und die ungewöhnlich großen und luftigen Omeletts – ganz nach dem Geschmack der einheimischen Bevölkerung, die sich zur Mittagszeit zahlreich einfindet. Eine kleine Auswahl vorwiegend Meraner Weine begleitet die Gerichte. Der frisch gepresste Apfelsaft stammt von dem direkt an das Gasthaus angeschlossenen Bauernhof.

SEHENSWERTES PARTSCHINS

In nächster Nähe lädt das Dorf Partschins zu einem Bummel ein. Es gibt dort einiges zu entdecken, etwa die Stachlburg, erbaut vor 1300, der ehemalige Stammsitz der Herren von Partschins. Heute ist das Schlossweingut im Besitz des Barons von Kripp. Einmal wöchentlich finden im Torggel- bzw. im Barrique-Keller Weinverkostungen statt. Infos: www.stachlburg.com. Oder das Schreibmaschinenmuseum „Peter Mitterhofer" am Kirchplatz. Peter Mitterhofer gilt als der Erfinder der Schreibmaschine. Das Museum zeigt eine umfassende, weltweit einzigartige Sammlung von Schreibgeräten.
Infos: www.schreibmaschinenmuseum.com

MARLINGER UND ALGUNDER WAALWEG

Spaziergänger haben die Wahl der Qual, denn gleich zwei Waalwege haben ihren Ausgangspunkt auf der Töll: Der Marlinger Waalweg, der oberhalb der Ortschaften Forst, Marling, Tscherms und Lana verläuft, ist im Sommer ideal. Der Algunder Waalweg quert die sonnigen Rebhänge oberhalb von Algund und Gratsch und mündet in den Tappeinerweg, der sich bis ins Stadtzentrum von Meran hinzieht. Diese Wanderung empfiehlt sich vor allem im Frühling, Herbst und Winter.

INFOS IN KÜRZE

Gasthof Weißes
Rössl – Zollwirt
Fam. Gamper
Vinschgauer Str. 101
39020 Partschins
Tel. 0473 968212

Ganzjährig geöffnet,
Mi. Ruhetag.
Nur Mittagstisch,
am Abend geschlossen.
16 Plätze vor dem
Haus an der Straße,
holzgetäfelter Schankraum,
Gaststube in der einstigen
Kapelle, Speisesaal für
Gruppen, insgesamt
66 Plätze

13 ZUR BLAUEN TRAUBE, ALGUND

Eingerahmt von den schützenden Bergen der Texelgruppe, inmitten von Apfelwiesen und Weingärten, liegt Algund sonnig und verkehrsberuhigt im Westen des Meraner Beckens und profitiert vom Tourismus der mondänen Kurstadt. In der Dorfmitte, an der alten Landstraße von Meran in den Vinschgau, steht das Wirtshaus zur Blauen Traube.

An der alten Vinschger Straße lag über Jahrhunderte ein bedeutendes Gasthaus: Bereits 1454 wurde es als „Wirtshaus an der Viehscheide" urkundlich erwähnt, vermutlich weil die Schnalser Bauern aufgrund alter Rechte ihr Vieh alljährlich auf die Weiden ins Etschtal trieben. Im Laufe der Zeit wechselten Besitzer und Namen, aber nicht die Bestimmung als Wirtshaus. Seit Renate und Josef Holzner die Führung übernommen haben, ist die Blaue Traube wieder ein Vorzeigebetrieb in der Meraner Gegend geworden. Das Haus wurde gründlich saniert, Altes restauriert, ergänzt, Schablonenmalereien mit Trauben und Ranken wurden sorgsam nachgebildet. Josef Holzner setzt seine über viele Jahre in guten Häusern erworbenen Kochkünste im eigenen Betrieb ein, Renate Holzner nimmt mit Charme und Geschick den Service wahr – so füllen sie die traditionsträchtigen Mauern mit Leben und Gemütlichkeit.

Hier stimmt die Qualität der verwendeten Produkte: Das Fleisch von Lamm und Kitz kommt aus dem Passeier, das Rindfleisch stammt vom Laugenrind und für den gemischten Tomatensalat stehen rund 60 verschiedene Tomatensorten aus den Gärten der Umgebung zur Verfügung. Jeden Tag steht etwas Besonderes auf der Karte: Gulasch mit Rosmarinpolenta, Kalbfleisch-Kohlroulade auf Selleriepüree, Tafelspitz in der Suppenpfanne. Zu den leckeren Desserts wird ein Glas Spätlese der Burggräfler Kellerei angeboten. Die Weinkarte, von der Chefin des Hauses gepflegt, enthält vorwiegend Gutes aus Südtirol, aber auch etliche erlesene Tropfen aus anderen Gebieten.

KLOSTER MARIA STEINACH

Bereits im Jahr 1241 gründete Adelheid von Tirol, Tochter des Grafen Albert von Tirol, das Dominikanerinnenkloster Maria Steinach in Algund. Der Sage nach sollen zwei Tauben der Gräfin den Ort gewiesen haben, an dem das Kloster errichtet werden sollte. Die Klosterkirche kann täglich von 7 bis 19 Uhr besichtigt werden.
Infos: Steinachstraße 18, Algund, Tel. 0473 448655

VON ALGUND ÜBER DEN OCHSENTODWEG ZUM SCHLOSS TIROL

Von der Talstation des Vellauer Sessellifts in Mitterplars/Algund führt Weg Nr. 20 hinauf zum Algunder Waalweg. (Wer den Anstieg nicht scheut, kann auch von Algund (Nr. 25A) dorthin aufsteigen.) Kurz vor dem Grabbach verlassen wir den Waalweg, queren nach leichtem Anstieg den Bach und wandern ab dem Blumenthalerhof, auf Weg Nr. 29, rechts bergan. Nach dem gepflasterten Ochsentodweg – dieses kurze Steilstück stellte einst für die schweren Ochsenkarren ein Problem dar – führt der Weg zunächst fast eben zum Schloss Thurnstein und danach auf breitem Fahrweg leicht ansteigend über St. Peter zum Schloss Tirol. Rückweg: Relativ steiler Abstieg über die Brunnenburg (Brunnenburgsteig) oder bequemer, aber länger über Dorf Tirol (Gnaidweg) nach Gratsch. Von dort über den Algunder Waalweg zurück zum Ausgangspunkt. 260 Hm, mehrere Einkehrmöglichkeiten am Weg, leicht, Gehzeit: 3 h

INFOS IN KÜRZE

Wirtshaus zur Blauen Traube, Fam. Holzner
Alte Landstraße 44
39022 Algund
Tel. 0473 447103
www.blauetraube.it

Anfang Jan.–Mitte Febr. geschlossen, Di. Ruhetag.
60 Plätze in den schönen, restaurierten und getäfelten Stuben im ersten Stock, im Sommer weitere 60 Plätze auf der Terrasse, Sonnenschirme, €€

14 FORSTERBRÄU, MERAN

Diese Stadt schrieb Tourismusgeschichte und knüpft gerne daran an. Meran ist nicht nur ein Ort, wo Palmen von schneebedeckten hohen Bergen überragt werden und Spuren der alt-österreichischen Kaiserzeit auf den Jugendstil treffen, sondern ist auch mit modernsten Thermenanlagen ausgestattet. Das Forsterbräu kombiniert gleichfalls Geschichte und Gegenwart.

Bei einem Wirtshaus dieses Namens steht natürlich ein Star im Mittelpunkt: das berühmte Bier der Brauerei Forst. Schon beim Betreten des Hauses bietet sich die Möglichkeit einer Zeitreise in die nahezu 150-jährige Familiengeschichte: In der sogenannten Schwemme veranschaulichen zahlreiche Bilder den Werdegang des Unternehmens. Der Brausaal im 1. Stock ist mit schönen Täfelungen und Wandbildern geschmückt. Die Gäste können die Bierspezialitäten aber auch im Bierkeller und im Biergarten genießen. Alle Räume strahlen eine warme, gemütliche Atmosphäre und viel Stil aus. Dahinter stecken mehrere Verwandlungsschritte. Was 1869 als Hotel Forsterbräu begann, wurde Anfang der 1950er-Jahre von der Familie Fuchs großzügig umstrukturiert. Unter anderem wurde auch Freskenmaler Heinrich Bickel in die Arbeiten mit einbezogen. Die jüngste Renovierung von 2011 lässt die historische Substanz neu erstrahlen.

Den Schwerpunkt der Küche bilden herzhafte und bodenständige Gerichte wie Speckknödel- oder Gerstsuppe, Südtiroler Spezialitätenbrettl oder Haxen und vielerlei Knödel. Bei den diversen Kombinationsmöglichkeiten mit den verschiedenen Biersorten fällt die Wahl nicht leicht! Mit Nudelgerichten oder Risottos ist auch die italienische Küche gut vertreten. Bei den Nachspeisen fällt die Entscheidung vielleicht leichter, denn das Sixtus-Eis – benannt nach der Marke des dunklen Malzbiers – macht neugierig. Zum Trinken gibt es neben 7 verschiedenen Bieren frisch vom Fass hervorragende Südtiroler und italienische Weine, die auch glasweise serviert werden. Trotz der vielen Plätze in den einzelnen Räumen und im Garten, der im Winter überdacht wird, kann es manchmal eng werden, was auch der zentralen Lage des Gasthauses zu verdanken ist.

SPAZIERGANG DURCH MERANS INNENSTADT

Ausgehend von der nahen Postbrücke verläuft ein schöner, großteils verkehrsberuhigter Spazierweg durch Merans Zentrum. Über die Kurpromenade geht es die Passer entlang flussabwärts zur Theaterbrücke und zum Jugendstil-Theater. Über den Rennweg sind dann schon die Lauben und ihre charakteristischen Häuser mit den Bogengängen erreicht. Hier locken nicht nur viele Geschäfte, sondern auch das Museum Kunst Meran mit zeitgenössischer Kunst und, am Ende der Lauben, die Pfarrkirche St. Nikolaus. Durch das Bozner Tor geht es wieder zur Postbrücke zurück.

INFOS IN KÜRZE

Forsterbräu Meran, Pächter Thomas und Helmut Geier, Freiheitsstraße 90, 39012 Meran
Tel. 0473 236535
www.forsterbrau.it

Kein Ruhetag.
400 Plätze in verschiedenen Sälen und im Garten,

15 WEZL, RIFFIAN

Wo sich der Meraner Talkessel gegen Norden langsam verengt und sich die letzten Rebzeilen an den sonnigen Hängen entlangziehen, liegt am Eingang zum Passeiertal Riffian, einst ein viel besuchter Marienwallfahrtsort und nun beliebtes Ferienziel im Meraner Einzugsbereich. Das Restaurant Wezl, direkt an der Talstraße gelegen, ist nicht zu verfehlen.

Heimelig und urig ist es im jahrhundertealten Wirtshaus und Restaurant, die Patina der Fassade mit den gemalten Fensterlaibungen, den blumengeschmückten Fenstern und den rankenden Weinreben verleiht dem Bau eine gewisse Würde. Die dicken Mauern des historischen Hauses sowie die Hecken und Schutzwände des kleinen Gartens schaffen den nötigen Abstand zur Talstraße, die am Haus vorbeiführt. Hier wird die Tradition gepflegt, zugleich zeigt man sich Neuem gegenüber aufgeschlossen. In der Schankstube treffen sich die Einheimischen zum Kartenspiel, während im getäfelten gemütlichen Stübchen und im modern eingerichteten neuen Gastraum fein gespeist wird.

In der Küche hat Junior Jochen Kofler das Sagen. Gekonnt kombiniert er Tiroler Spezialitäten mit mediterranen Köstlichkeiten: Es beginnt mit Vorspeisen wie hausgemachtem Wildschinken, weißem gewürzten Speck (Lardo) mit eingelegtem Kürbis, Bruschette mit frischen Tomaten und Kräutern, Mozzarella im Speckmantel gebraten mit Salbei. Die Nudeln sind hausgemacht, sehr empfehlenswert: die Tagliatelle mit Wildschweinragout. Im Sommer kommt zu Salaten Gegrilltes auf den Tisch, etwa die beliebten Filetspießchen. Auch bei den Desserts wird gern in die heimische Rezeptkiste gegriffen – lassen Sie sich die mit Grappa flambierten Apfelkiechln nicht entgehen! Senior Hubert Kofler ist für den Wein zuständig. Ihm verdanken wir den süffigen, typischen Vernatsch Eigenbau „Wezl". Die reduzierte, aber tolle Weinkarte wartet mit ausgesuchten Südtiroler Spezialitäten auf, die meisten davon sind auch glasweise erhältlich.

RIFFIANER WALLFAHRTSKIRCHE

Ein Muss ist die prächtige Riffianer Wallfahrtskirche zur Schmerzhaften Muttergottes, ein barocker Bau des Baumeisters Franz Delai (1671). Die Kirche birgt das Gnadenbild einer gotischen Pietà, die in einen Barockaltar eingebettet ist. In der Friedhofskapelle finden sich stilvolle gotische Fresken, die Meister Wenzeslaus, dem Hofmaler des Trientner Fürstbischofs Georg I. von Liechtenstein, zugeschrieben werden. Dargestellt sind Szenen aus dem Alten und dem Neuen Testament.

RIFFIANER WAALWEG

Eine beliebte Wanderung führt von Riffian über den Waalweg bis nach Kuens und von dort auf anderem Wege wieder zurück. Der beschilderte Aufstieg zum Waalweg erfolgt über den Kirchweg bzw. Rösslweg. Letzterer zweigt nach etwa 400 m vom Kirchweg links ab und führt leicht ansteigend bis zum Schießstand, wo der Riffianer Waalweg beginnt. Er verläuft mit schönen Ausblicken zwischen Waldrand und Wiesen bis nach Kuens und endet im Kuenser Tal. Rückweg nach Riffian: entweder über die Kuenser Straße, den Valtmaunweg oder über die Hohlgasse. 5 km, 200 Hm, Gehzeit: etwa 2 h

INFOS IN KÜRZE

Restaurant Grillstube Wezl, Fam. Kofler,
Jaufenstraße 37
39010 Riffian
Tel. 0473 241075
www.wezl.it

Ganzjährig geöffnet,
Sa. Abend und So. Ruhetag.
Platz für 40 Personen im Haus, für weitere 20 im Garten,

16 LAMM – MITTERWIRT, ST. MARTIN IN PASSEIER

Seit der Autoverkehr auf einer Umfahrungsstraße an St. Martin in Passeier vorbeizieht, haben die Fußgänger die alten Gassen im Dorf wieder zurückerobert. So können die Gäste in Ruhe die gute Küche vom Gasthaus Lamm nicht nur in den alten Wirtshausstuben, sondern auch auf der Gartenterrasse direkt an der alten Dorfstraße genießen.

Bereits im Jahr 1694 befand sich hier neben dem Bauernhof ein einfaches Gasthaus, 1777 trug die „Wirtstaffern" – eine Taverne konnte im Gegensatz zu einem Buschenschank auch warme Speisen servieren – den Namen „Zum schwarzen Widder". Während der Bayerischen Besatzungszeit – die Grafschaft Tirol war nach der verlorenen Schlacht von Austerlitz im Jahr 1805 an das mit Napoleon verbündete Kurfürstentum Bayern gefallen – traf sich hier öfter Andreas Hofer, Kommandant der Tiroler Freiheitskämpfer, mit seinen Verbündeten. Ein Ahne der jetzigen Besitzerfamilie Fontana zog aus der Valsugana, damals Welschtirol, ins Passeiertal und übernahm den Mitterwirt, den jetzt Arnold Fontana und seine Frau Hildegard mit Sachverstand und mit Liebe für Althergebrachtes führen. Das Gasthaus wurde später umbenannt und heißt jetzt Gasthaus Lamm, für die Einheimischen ist es aber immer noch der Mitterwirt.

Hildegard Fontana steht mit Begeisterung in der Küche und wird dabei von Ehemann Arnold unterstützt, Sohn Alexander arbeitet im Service. Die Produkte kommen vorwiegend von Erzeugern aus der Umgebung: Ein Bauer aus Platt liefert die Erdbeeren, andere Biohöfe verschiedene Säfte, Gemüse sowie Fleisch von Lamm, Kalb und Rind, Jäger bringen das Wild – die kleinen Kreisläufe funktionieren! Jeden Tag wird aus Biomehl frisches Brot gebacken, auf der Speisekarte

wechseln die Tagesgerichte. Immer sind Besonderheiten in Anlehnung an die Südtiroler Küche dabei, etwa Schüttelbrotgnocchi mit Blauschimmelkäse aus dem Passeier oder Graukasnudeln im Kräutersud mit frischen Kräutern. Als Nachspeise empfiehlt sich hausgemachtes Eis. Die Weinkarte ist beachtlich und umfasst feinste Südtiroler Tropfen. In einer Verkaufsecke wird eine Reihe typischer Produkte, viele davon in Bioqualität, angeboten.

DIE PASSEIRER MALSCHULE

Bei einem Dorfbummel mag es vielleicht verwundern, dass an alten Häusern in St. Martin noch viele gut erhaltene Fresken zu sehen sind. Sie zeugen vom einstigen Schaffen der Passeirer Malschule. Diese hatte ihre Blütezeit im ausgehenden Barock, von 1719 bis 1845. Die Künstler Auer und Haller waren nicht nur im Tal, sondern in ganz Tirol tätig: Sie schufen Bilder und Fresken, malten Kirchen aus und verschönten Häuserfassaden. Am Dorfrand von St. Martin steht das reich geschmückte Malerhaus, der Sitz der Malerschule.

INFOS IN KÜRZE

Gasthaus Lamm – Mitterwirt
Fam. Fontana
Dorfstraße 36
39010 St. Martin in Passeier
Tel. 0473 641240
www.gasthaus-lamm.it

Ganzjährig geöffnet,
Mo. Ruhetag,
Okt.– Juni auch
So. abends geschlossen.

In einer alten getäfelten Wirtsstube und im Schankraum Platz für 80 Personen, 30 Plätze im Freien auf der Terrasse und im kleinen Garten, €€

17 MOOSERWIRT, MOOS IN PASSEIER

Bei St. Leonhard gabelt sich die Talstraße, ein Arm geht über den Jaufen nach Sterzing, der andere ins hintere Passeiertal. Moos ist der Hauptort dieses von mächtigen Bergen eingerahmten Talabschnittes, ab hier steigt die Straße kräftig an und führt über das Timmelsjoch nach Österreich. In der Dorfmitte von Moos liegt der Mooserwirt, das alte Dorfgasthaus.

Im Mooserwirt herrscht frischer Wind und neuer Schwung, seit Harald Haller die Zügel in die Hand genommen hat. Das Wirtshaus ist eines der ältesten Tirols und war lange Zeit das bekannteste im Hinterpasseier. Bereits 1288 ist der „hof ze mose" in einem Urbar erwähnt, 1388 bewirtschaftet ein „chuonz leitgeb" („litgebe" ist mhd. für Wirt) das Anwesen – aus dieser Zeit stammt ein Teil des Nebengebäudes. Die Glanzzeit des Mooserwirtes war im 18. Jh., als der Wirt mit der Versorgung des Bergwerkes am nahen Schneeberg, mit Vieh-, Flachs- und Immobilienhandel, Geldgeschäften, einer Fischzucht am Kummersee und anderen Geschäften großen Reichtum anhäufte. Seit 2009 bemühen sich Silke und Harald Haller, die bereits 1852 von Beda Weber gepriesene „mooserwirt'sche Wirtshausherrlichkeit" zu neuem Leben zu erwecken.

Köchin Edith Pixner hält der bodenständigen Küche die Treue: So finden wir auf der Speisekarte neben mehrerlei Knödeln auch die Saure Suppe (Einbrennsuppe mit Rindskaldaunen), das traditionelle Essen der Bauern und Fuhrleute. Aber auch italienische Nudelgerichte wetteifern mit Gulasch, Braten und süßen Omeletts um die Gunst der Gäste. Weitum bekannt sind die gebratenen Forellen. Köstlich sind die selbst gebackenen Kuchen. Dazu gibt es eine kleine Auswahl an guten Weinen, die meisten gibt es auch glasweise.

LANDESWATTEN

Am Stephanstag (26. Dezember) wird im Mooserwirt die Landesmeisterschaft in Watten, einem beliebten Kartenspiel, bei dem jeweils ein Spielerpaar gegen ein anderes antritt, ausgetragen. Am Turnier nehmen etwa 500 Personen teil, die Feuerwehr hilft als Ordnungsdienst mit.

MOOSEUM

Lohnend und ein gutes Schlechtwetterprogramm ist der Besuch des neuen und modernen Bunkermuseums, des Mooseums. Militärbunker, Relikte aus der Zwischenkriegszeit, werden durch Stege, Stiegen und Leitern zugänglich gemacht, Filmraum, Hörstationen, Bilder, Ausstellungsstücke und audiovisuelle Installationen erklären spannend die Entstehung der Landschaft nach der Eiszeit und das Leben im Tal. Info: www.bunker-mooseum.it

INFOS IN KÜRZE

Gasthof Mooserwirt
Fam. Haller
Moos 10
39013 Moos in Passeier
Tel. 0473 648546
www.mooserwirt.it

Ganzjährig geöffnet, kein Ruhetag.
70 Plätze, Speisesaal, eine große getäfelte Wirtsstube, uriges Kellergewölbe für kleinere Veranstaltungen, Übernachtungsmöglichkeit im Haus für Wanderer in einfachen Zimmern, in Nebengebäuden komfortable Ferienwohnungen, €

18 SCHLOSSWIRT, SCHENNA

Am Ausgang des Passeiertales liegt auf den sonnigen Flanken der Berge, die den Meraner Talkessel im Nordosten abschließen, das Dorf Schenna. Es verwundert kaum, dass diese von der Natur verwöhnte Gegend zu den beliebtesten Feriengebieten Südtirols zählt. Das Dorfzentrum wird vom Schloss Schenna stolz überragt, zu dessen Füßen der Schlosswirt liegt.

Bereits 1646 wird in Schenna ein Oberwirt erwähnt, später trägt die Gaststätte den Namen „Prunner". Das mächtige Haus in der Ortsmitte wurde 1896 verkauft, heute sind darin die Gemeindestuben und das Tourismusbüro untergebracht. Mit dem Erlös erwarb Josef Prunner, Urgroßvater des heutigen Wirtes, den zum nahe gelegenen Lothhof gehörenden Buschenschank. Die Schankgenehmigung wurde verlegt, ein neues Gasthaus eingerichtet. Eine Veranda und eine Terrasse ergänzen nun das Haus, das sich zum „Schlosswirt" wandelte. Obwohl mittlerweile zum komfortablen Ferienhotel angewachsen, ist der Schlosswirt immer noch ein beliebter Treffpunkt der Einheimischen, die sich gern zu einem Glas Wein in der gotischen Stube oder im Jägerstübele einfinden.

Seit fast drei Jahrzehnten entfaltet Küchenchef Maximilian Horrer im Schlosswirt seine Kreativität. Dabei sind ihm Südtiroler Spezialitäten ein besonderes Anliegen. Die Nudeln sind meist selbst gemacht, das Fleisch kommt, wenn möglich, von Bauern aus der Gegend, wie etwa das Berglamm, das zu Spargeln – die wiederum aus Kastelbell oder Terlan stammen – gereicht wird. Josef Prunner ist ein leidenschaftlicher Jäger, er selbst oder seine Freunde aus dem Revier sorgen für die Grundlage der Wildspezialitäten. Zum süßen Abschluss ist der köstliche Apfelstrudel aus Mürbteig sehr zu empfehlen! Natürlich stehen auf der Weinkarte viele der besten Südtiroler Tropfen. Als offener Schankwein wird ein süffiger Vernatsch ausgeschenkt, der in den eigenen Weingütern in der Nähe von Schloss Trauttmansdorff wächst und vom Schwager eingekellert wird. Im Schlosswirt werden gerne Familienfeiern aller Art, aber auch Firmenessen abgehalten. Da gibt es für Ehefrau Rosalinde Prunner, die sich um den Service in Hotel und Gasthaus kümmert, viel zu tun!

SCHLOSS SCHENNA

Der Schlosswirt duckt sich an den Hügel von Schloss Schenna. Nichts ist also nahe liegender, als die bestens erhaltene Burganlage zu besichtigen! Im 14. Jh. erbaut, gelangte sie Mitte des 19. Jh. in den Besitz von Erzherzog Johann von Österreich, dessen Nachkommen sie immer noch bewohnen. Die herrschaftlichen Säle beherbergen eine Gemälde- und Porträtgalerie, eine Waffensammlung sowie zahlreiche historische Objekte zu Andreas Hofer und zur Tiroler Geschichte.
Tägl. Schlossführungen, So. Ruhetag. Info: www.schloss-schenna.com

INFOS IN KÜRZE

Schlosswirt Schenna***s
Fam. Prunner
Schlossweg 2
39017 Schenna,
Tel. 0473 945620
www.schlosswirt.it

Von Anfang Jan. bis Ende März geschlossen, Mo. Ruhetag.

In den verschiedenen Gaststuben auf zwei Stockwerken 150 Plätze, auf der Panoramaterrasse bis zu 200 Plätze, 30 gut ausgestattete Zimmer, Freischwimmbad, Liegewiese, €€

19 OBERWIRT, LANA

Lana, im breiten Etschtal südwestlich von Meran gelegen, ist in kurzer Zeit zur größten Gemeinde Südtirols herangewachsen. Leider hat die traditionelle Gasthauskultur unter dem rasanten Aufschwung des Fremdenverkehrs stark gelitten, viel von der historischen Bausubstanz musste der Moderne weichen. Nun hat ein unternehmungslustiger Quereinsteiger in zentraler Lage ein Stück alter Wirtshaustradition neu belebt.

Auf dem flachen Schwemmkegel, den der Falschauerbach aus dem Ultental kommend aufgeschüttet hat, liegt der alte Ortskern von Lana, Am Gries (= Schotter, grober Sand, Geröll) genannt. In den winkeligen Gassen der Fußgängerzone, die mit ihren Läden und Kneipen zu einem Bummel einlädt, befindet sich das Restaurant Oberwirt. Das Gebäude stammt aus dem 17. Jh. und beherbergte schon vor 100 Jahren den „Oberwirt". Zwischenzeitlich wurde das Gasthaus in „Weißes Kreuz" umbenannt, zuletzt musste das alte Stubengetäfel mit einem Bistro Vorlieb nehmen. Nun ist neuer Geist in das Haus eingekehrt, der Name Oberwirt und das Motto des Hausherrn Gerry Biasi – „Unser wichtigstes Instrument in der Küche ist neben dem

Koch immer noch der Kochlöffel und nicht die Schere" – ermuntern zur Einkehr. Das schöne Alte der Einrichtung wurde hervorgehoben und durch Neues stilvoll ergänzt.

Der Oberwirt steht für gute, traditionelle Gerichte, vernünftige Preise, freundlichen Service und Gemütlichkeit. Je nach Saison gibt es eine kompakte kleine Karte, auf der neben pfiffigen Salaten und Nudelgerichten auch so Gestandenes wie Ultner Paarl, Speck, Käse und Kaminwurzen, Knödelsuppe oder Wiener Schnitzel vom Kalb nicht fehlt. Bei den Weinen liegt der Schwerpunkt auf ausgesuchten heimischen Tropfen von besonderen Lagen – Kenner kommen hier sicherlich auf ihre Rechnung.

ZUR PFARRKIRCHE VON NIEDERLANA

Ganz in der Nähe des Oberwirts, an der Gampenstraße, beginnt ein ebener Wanderweg, der an einem Waal entlangführt und uns tolle Ausblicke auf das Etschtal beschert. Wir spazieren durch Kastanienhaine, Apfelanlagen und Weingärten bis zur Pfarrkirche von Niederlana. Am Weg liegt die romanische Margarethenkirche (mit wertvollen Fresken aus der Erbauungszeit), am Ende unserer Wanderung kommen wir an einem wildromantischen Wasserfall vorbei. Die Pfarrkirche von Niederlana zählt mit ihrem imposanten Flügelaltar zu den schönsten Zeugnissen der Südtiroler Spätgotik. Der aus Kastanienholz geschnitzte und vergoldete Altar von Bildhauer und Maler Hans Schnatterpeck ist mit über 7 m Breite und 14 m Höhe der größte im gesamten Alpenraum. Die plastische Darstellung der Bibel enthält auch eine seltene Ausführung des Gnadenstuhls, Gott Vater mit dem Leichnam Christi auf dem Schoß, flankiert von den lebensgroßen Figuren der Apostel Petrus und Paulus. Nur bei Führungen geöffnet. Infos unter Tel. 0473 561770.

INFOS IN KÜRZE

Gasthof Oberwirt
Gerry Biasi
Griesplatz 2
39011 Lana
Tel. 0473 490911
Ganzjährig geöffnet, Mo. Ruhetag.

50 Plätze im Schankraum und in der getäfelten Wirtsstube, im Sommer 20 Plätze vor dem Haus, €€

20 EGGWIRT, ST. WALBURG/ULTEN

Das Ultental ist – obwohl nur wenige Kilometer von der Tourismushochburg Meran entfernt – eine Oase der Ruhe, die zum Wandern und Genießen einlädt. Über 30 Almen säumen das Tal, das sich von Lana bis zu den vergletscherten Bergriesen der Ortlergruppe hinzieht. Beim Eggwirt in St. Walburg sollte jeder Ulten-Besucher einkehren.

Der Gasthof Eggwirt ist die älteste Einkehrstätte des Ultentals. Der Name ist auf die Lage des Wirtshauses zurückzuführen: In St. Walburg folgte die alte Straße nach einer Steigung bei einem Geländevorsprung einer scharfen Kurve und führte ums „Eck". Bereits um 1298 wurde das „Haus am Egg" erstmals urkundlich erwähnt. Vor langer Zeit war es Gerichtssitz, die sogenannte Thingstätte, bevor es in eine Herberge und Postkutschenstation umgewandelt wurde. Die holzgetäfelte „Eckstube" trägt die Jahreszahl 1611, die Täfelung der großen Stube stammt aus dem Jahr 1770. Obwohl mittlerweile zu einem Hotelbetrieb mit 21 gemütlichen Zimmern angewachsen, ist der Eggwirt ein Gasthof geblieben – darauf legt der Wirt allergrößten Wert. Hier wird noch urige Tiroler Gastlichkeit vermittelt, heute genauso wie anno dazumal.

Das Speisenangebot beim Eggwirt ist auf das traditionelle Ambiente abgestimmt. Eine weitum bekannte Spezialität des Küchenchefs Peter Staffler, der bereits seit 30 Jahren für das leibliche Wohl der Gäste sorgt, sind die frischen Forellen, die in mehreren Varianten auf den Tisch kommen. Köstlich ist etwa die Forelle auf Bauernart, mit Speck, Zwiebeln und Knoblauch angebraten – dazu gibt's Salzkartoffeln und grünen Salat. Die Speck-Knödelscheiben, mit Bergkäse, Speck und Zwiebeln sowie mit Gorgonzola und Radicchio belegt und überbacken, haben sich zum Renner entwickelt. Der Speck wird selbst hergestellt und bei einem benachbarten Bauern

geselcht, das Brot kommt von der Bio-Bäckerei nebenan. Das Rezept für den Apfelstrudel stammt von der Mutter des Wirts, um die Weine kümmert sich Roland Schwienbacher persönlich. Der offene Hauswein stammt von der Kellereigenossenschaft St. Pauls sowie von der Ersten & Neuen Kellerei aus Kaltern. Auf der Karte stehen vor allem Weine aus Südtirol, aber auch andere Regionen wie etwa die Toskana oder die Marken sind im Sortiment gut vertreten.

BESONDERES VOM EGGWIRT

Die Kirche von St. Walburg steht nicht in der Mitte des Dorfes, sondern etwas außerhalb auf einem Hügel, wo einst ein heidnischer Kultplatz gewesen sein soll. Daher sind die Wirtsleute des Eggwirts der Meinung, bei ihnen befinde sich das wirkliche Dorfzentrum. Auch was die Anzahl der Besucher angehe, stehen sie der Kirche kaum nach …
In den 30er-Jahren des vorigen Jahrhunderts kam der englische Zigarren- und Pfeifenkönig Alfred Henry Dunhill öfters zum Eggwirt, seine lungenkranke Frau fand hier Erholung. Die Aufnahmen von Land und Leuten, die während seiner Wanderungen entstanden, werden in einem Fotoalbum mit Widmung an die Wirtsleute im Gasthof aufbewahrt.

INFOS IN KÜRZE

Gasthof Eggwirt ***
Fam. Schwienbacher
39016 St. Walburg/Ulten
Tel. 0473 795319
www.eggwirt.it

Di. Ruhetag.
In der großen Bauernstube, dem antiken Stübele und dem großen Speisesaal insgesamt 80 Plätze, vor dem Haus unter alten Nussbäumen weitere 40 Plätze, 21 Zimmer, €€

21 SCHWARZER ADLER, TISENS

Im unteren Abschnitt der Gampenstraße, die sich vom Etschtal über die Berge auf den Nonsberg windet, liegt auf einem sonnigen Mittelgebirgsplateau das Dorf Tisens inmitten von Apfelanlagen und Kastanienhainen. In der Ortsmitte, an der Dorfgasse, steht das prächtige alte Wirtshaus Schwarzer Adler.

Der Gasthof zeigt sich dem Gast so, wie ihn der bayrische Reiseschriftsteller Ludwig Steub (1812–1888) einst beschrieb: „Die Einrichtung des Hauses ist noch ziemlich so, wie sie in der guten alten Zeit gewesen […]. Der großen getäfelten Wirtsstube könnte man fast monumentalen Wert beilegen […]. Auch einige Malerei ist angebracht – so ein warnendes Auge Gottes über dem Eingang, Blumenfestons am oberen Rand der Wände, auf einer Tür der österreichische Adler […]. Ein grasgrüner Ofen verspricht im Winter gute Dienste zu leisten." Bereits um 1619 wird der Schwarze Adler als Wirtshaus erwähnt. Andreas Hofer soll vor rund 200 Jahren hier mehrmals eingekehrt sein, weshalb ihm einer der Räume im weitläufigen tiefen Keller gewidmet ist. Das Gasthaus kam in habsburgischen Besitz, 1870 wurde es von Erzherzog Heinrich an die Ahnen des heutigen Besitzers verkauft. Lange Zeit war der Schwarze Adler als „Barthlwirt" bekannt, benannt nach einem der früheren Besitzer, der Bartholomäus hieß. Seit vielen Jahren führt Karl Mair den Gastbetrieb, langsam wird sein Neffe in die Geschäfte eingeführt.

Frau Mair überwacht die Küche und wird dabei von einem tüchtigen Koch unterstützt. Auf den Tisch kommen traditionelle Tiroler Gerichte, ein beliebter Klassiker ist die gebratene Forelle (nur freitags). Je nach Saison werden etwa Spargeln im Frühjahr oder Herbstliches serviert. Gemüse und Küchenkräuter kommen aus dem eigenen Garten, der Keller liefert eine kleine Auswahl bester Südtiroler Weine.

PFARRKIRCHE MARIA HIMMELFAHRT

In unmittelbarer Nähe vom Schwarzen Adler liegt die Pfarrkirche Maria Himmelfahrt. Erwähnt wird sie bereits 1194, um 1520 wurde sie in spätgotischem Stil umgebaut. Besonders sehenswert sind die Glasmalereien der Kirchenfenster, sie zählen zu den schönsten Tirols! Etwas unheimlich hingegen sind die sorgfältig aufgeschichteten Gebeine im Ossarium der Friedhofskapelle St. Michael.

ZUM KIRCHLEIN ST. HIPPOLYT

Von Tisens aus führt ein einfacher aber erlebnisreicher Spazierweg zum Kirchlein St. Hippolyt, das frei und aussichtsreich auf einer geheimnisvoll anmutenden Felskuppe steht. Beim weiten Ausblick über das Etschtal und nach Meran wird verständlich, warum gerade hier eine heidnische Kultstätte und später ein Gotteshaus errichtet wurden. Wegverlauf: Von Tisens Weg Nr. 5 durch Obstwiesen bis zur Gampenstraße, dann etwas steil und holprig zum Kirchlein (bis hierher 1 Stunde). Rückweg über den etwas tiefer liegenden idyllischen Narauner Weiher. Insgesamt knappe 2 h Gehzeit und 200 Hm.
Infos: Tourismusverein Tisens-Prissian, Tel. 0473 920 822

INFOS IN KÜRZE

Hotel Schwarzer Adler ***
Fam. Mair
Hauptstraße 74
39010 Tisens
Tel. 0473 920 973
www.hotelschwarzeradler.com

Anfang Apr.–Anfang Nov. geöffnet, Do. Ruhetag.

Tische in einer alten, hellen, getäfelten Wirtsstube und einem weiteren Speisesaal, Gartentische auf der Terrasse vor dem Haus, 70 Plätze in den Stuben, 30 auf der Terrasse, 36 Betten im neueren Zubau, €

22 ZUM MOHREN, PRISSIAN

Zwischen Bozen und Meran liegt auf der westlichen Etschtalseite das Tisner Mittelgebirge, bekannt wegen der vielen Höhenkirchlein, wehrhaften Burgen und herrschaftlichen Ansitze. Äpfel und Weintrauben gedeihen in der Hügellage besonders gut. In Prissian, einem der Dörfer, liegt am Dorfplatz das Traditionsgasthaus zum Mohren.

Das Haus ist mindestens ein halbes Jahrtausend alt. Ein steinernes Türgesims trägt das Allianzwappen zweier Adelsgeschlechter: 1526 heiratete Anna Katharina von Trapp Franz von Breisach und Katzenzungen aus dem Geschlecht derer, welche die nahe Burg Katzenzungen zum Lehen hatten. Bereits 1639 wird ein „Unterwirt in Prissian" erwähnt, 1775 taucht ein „Unterer Wirt zum Mohren" auf. Die Familie Mayr, die damaligen Besitzer, trug einen Mohren im Wappen, seit jener Zeit ziert der Mohrenkopf auch das Wirtshausschild. Seit vier Generationen ist der Gasthof im Besitz der Familie Holzner, welche das Haus schonend und stilvoll renovierte. In der Gaststube mit der antiken gotischen Balkendecke trifft sich die Dorfbevölkerung gern zu einem Plausch. Auf der Terrasse unter der Weinlaube, im etwas eleganteren Speisesaal, in der Bauernstube im unteren Stock oder in der gemütlichen getäfelten oberen Stube lassen sich die Gäste die gute Küche schmecken.

Die Küche des Gasthauses zum Mohren, von den Einheimischen seit jeher Unterwirt genannt, ist längst kein Geheimtipp mehr. Sehr beliebt sind die geröstete Kalbsleber mit Apfelscheiben und die in Lagrein geschmorten Kalbswangen. Im Frühjahr bereichern Spargeln und Wildkräuter den Speiseplan, im Herbst gibt es Köstliches von der Edelkastanie. Die äußerst gut sortierte Weinkarte sollte für jeden anspruchsvollen Weinliebhaber reichen, nicht umsonst wurde der Mohrenwirt für sein Sortiment mehrfach ausgezeichnet. Zum Gasthof gehört ein geschlossener Bauernhof mit eigenem Weingut, welches Sorten wie Vernatsch, Sauvignon und Zweigelt anbaut.

SCHATZSUCHE

Als der Mohrenwirt Hermann Holzner im Jahr 1980 den Umbau der Gaststube in Angriff nahm, erinnerte er sich an die Worte seines Vaters, der vermutet hatte, dass in dem alten Gemäuer ein Schatz versteckt sein könnte. Unter der Verschalung der Stubendecke befanden sich jedoch weder Gold noch Juwelen, stattdessen kam die bestens erhaltene gotische Deckentäfelung aus dem Jahr 1639 zum Vorschein.

HERRSCHAFTLICHE ANSITZE

In dieser klimatisch begünstigten Mittelgebirgslandschaft ließen sich im 12. und 13. Jh. Adelige und Ritter Wohn- und Wehrburgen errichten, die jetzt zu den kulturgeschichtlichen Kostbarkeiten der Gegend zählen. Die meisten davon können besichtigt werden: In der Wehrburg ist ein Hotel untergebracht, beim mächtigen, würfelförmigen Castel Katzenzungen wächst die wohl größte und älteste Rebe der Welt und liefert einen besonderen Wein aus den seltenen „Versoaln"-Trauben, die nahe Fahlburg ist zur Zeit geschlossen.

INFOS IN KÜRZE

Gasthof zum Mohren ***
Fam. Holzner
39010 Tisens-Prissian
Tel. 0473 920923
www.mohren.it

Von Ostern bis Allerheiligen und über Weihnachten von 12–13.30 Uhr und von 18–20.30 Uhr geöffnet, Mi. Ruhetag.

In mehreren getäfelten Wirtsstuben 60 Plätze, 14 Plätze für besondere Anlässe in der Bauernstube, im Sommer Terrassentische, Loungebereich, 12 komfortable und elegante Zimmer, Felsenfreibad, kleine Sauna, Weinkeller und Önothek, €€

23 SCHWARZER ADLER, ANDRIAN

Im Westen des Bozner Talkessels schmiegt sich, eingebettet in Obst- und Weingärten, das Dorf Andrian an die Hänge des Gantkofels. Es handelt sich um eine der kleinsten selbständigen Gemeinden Südtirols. Trotz der geografischen Nähe zur Landeshauptstadt konnte sich der Ort seinen ländlichen Charakter bewahren. Am Dorfplatz liegt ein richtiges Dorfgasthaus: der traditionsreiche Schwarze Adler.

Die Wurzeln des Schwarzen Adlers reichen weit zurück: Wer in jahrhundertealten Andrianer Pfarrurkunden stöbert, findet darin bereits einen Bezug zum Wirtshaus. Der Dorfplatz hieß, lange bevor er nach dem hl. Urban benannt wurde, einfach Wirtshausplatz. Die stattliche Freitreppe mit dem malerischen Vordach und den zwei mächtigen Rundpfeilern stammt aus dem 17. Jh. 1896 kaufte Josef Mathà, ein Vorfahre der heutigen Wirtsleute, den Schwarzen Adler, zu dem auch eine Landwirtschaft gehörte. Vor dem Haus pflanzte er einen Kastanienbaum, der heute noch in aller Pracht den Dorfplatz ziert. 1910 hatte der Schwarze Adler mit König August von Sachsen hohen Besuch. Während des Zweiten Weltkriegs waren italienische, deutsche und amerikanische Truppen einquartiert. 1956 wurde mit dem ersten großen Um- und Anbau der Grundstein zum erfolgreichen Gasthof gelegt.

SPARGELZEIT!

Im April und Mai wird in den warmen, sandigen Etschböden feinster Spargel gestochen, der nach alter Tradition zu herrlichen Frühlingsgerichten verarbeitet wird. Dazu passend: ein eleganter Weißwein aus der Terlaner Kellerei, welche u. a. von den Andrianer Weinbauern beliefert wird.

NACH GAID

Eine beliebte, nicht allzu schwere Wanderung führt von Andrian durch das Höllensteintal vorbei an der Burgruine Festenstein nach Gaid (Einkehr beim urigen Moarhof). Von dort nordwärts zum Bittnerhof (Einkehr) und wieder zurück nach Andrian. Markierung Nr. 16 bis Gaid, dann „Larchsteig" bis Bittner. Gehzeit 4 Stunden, 675 Hm, bis Festenstein sehr steil und holprig.

Für die regionalen Gerichte mit italienischen Einflüssen ist die junge Generation der Wirtsfamilie zuständig. Schwiegersohn Werner steht hinter dem Küchenherd und kreiert Köstlichkeiten wie Schwarzbrot- oder Milzschnittensuppe, Gulasch, Bauerngröstl, saures Rindfleisch und Kalbskopf. Gekochter Schinken mit Kren und feinen Spargeln aus der Gegend – die Spargelhochburg Terlan ist nur einen Steinwurf entfernt – ist ein beliebtes Frühlingsgericht der Bozner, die an Wochenenden in Scharen im Gasthof eintrudeln. Vor allem bei den italienischen Gästen steht die Hausplatte, ein üppiger Grillspieß mit vielen Gemüsebeilagen, hoch im Kurs. Die Weine sind das Steckenpferd von Margot Mathà und Sohn Georg – die Auswahl an Südtiroler Tropfen und exklusiven Etiketten aus anderen italienischen Provinzen ist beachtlich!

INFOS IN KÜRZE

Gasthof Schwarzer Adler
Fam. Mathà
St.-Urban-Platz 4
39010 Andrian
Tel. 0471 510288
www.schwarzeradler-andrian.net

Ganzjährig geöffnet, Mo. ganztägig und Di. bis 17 Uhr geschlossen.

In den Stuben bis zu 100 Plätze, hinter dem Haus 50 Plätze an Gartentischen unter Weinlauben, 14 gut ausgestattete Zimmer, €€

24 POST GRIES, BOZEN

Gries im Westen Bozens war bis 1925 eine eigene Gemeinde. Der Grieser Platz mit der imposanten Anlage von Benediktinerkloster und dazugehörender barocker Stiftskirche zum hl. Augustinus und dem Kranz schöner Bürgerhäuser hat erstaunlicherweise seinen ländlichen Charakter weitgehend behalten. Direkt am Platz liegt der traditionsreiche Gasthof Post, immer noch beliebter Treffpunkt der alteingesessenen Grieser Bürger.

Die Ursprünge von Gries gehen bis in die Römerzeit zurück, so gesehen zählt das Gasthaus Post, urkundlich bereits 1798 erwähnt, zu den neueren Gebäuden am Grieser Platz. Einst waren ebenerdig die Stallungen und Remisen für Pferde und Wägen untergebracht, die Gaststube lag im ersten Stock. Noch in den 1930er-Jahren waren am Haus schwere Eisenringe angebracht, um die Pferde der Postkutschen anzubinden. Über fünfzig Jahre lang war nahe dem Postwirt die Endstation der Straßenbahn aus Bozen. Mit dem Wirtschaftsaufschwung ging es auch mit der Post aufwärts, durch Zu- und Umbauten vergrößerte sich

LAGREIN

Weinkenner verbinden Gries mit dem Lagrein, einem gehaltvollen, dunklen, lange lagerfähigen Rotwein. Die starkwüchsige Lagreinrebe stammt aus der Bozner Gegend und findet auf den tiefen, warmen Schotterböden der Ebene um Gries die besten Bedingungen. Am Grieser Platz gibt es gleich zwei wichtige Kellereien: die Klosterkellerei der Benediktinermönche Muri-Gries und die Kellerei Bozen. Beide sind Schwergewichte der Südtiroler Weinszene und bieten in ihren Verkaufsräumen neben exzellenten Lagreinweinen eine breite Palette an Bozner Weinen an.

ALTE GRIESER PFARRKIRCHE

Kunstinteressierte finden in Gries zwei große Sehenswürdigkeiten: Neben der prächtigen barocken Stiftskirche sind in der alten Grieser Pfarrkirche, wenige Schritte vom Grieser Platz entfernt, Teile eines Altars von Michael Pacher (1430–1498) zu bewundern, darunter der Schrein mit der Krönung Mariä, ein herausragendes Meisterwerk gotischer Holzbildhauerkunst. Führungen nach Vereinbarung.
Infos unter Tel. 0471 283089.

das Haus zum mittlerweile komfortablen Stadthotel mit 90 Zimmern. Der Seniorchef ist auch deshalb bekannt, weil er in den 1960er-Jahren mit seinem Lambrettaroller am Bahnhof Gäste für das Gasthaus „köderte".

Bis in die 1980er-Jahre hinein machte die Großmutter Anna Egger-Berger die Haus-, Blut- und Leberwürste, die heute noch nach ihrem Rezept hergestellt werden. Küchenmeister Erich Amort ist um eine bodenständige Tiroler Küche bemüht, die von den Einheimischen besonders geschätzt wird. Zu den vielfältigen Gerichten, viele mittlerweile ganz selbstverständlich auch mit italienischem Einschlag, gehören Klassiker wie Wiener Schnitzel, Spinatspatzln oder Schlutzkrapfen und Spezialitäten wie gebackenes Hirn, gekochte Zunge und gebratene Leber, die man nur mehr in wenigen Gaststätten findet. Im Gasthaus werden Vernatschweine, Lagrein und Magdalener serviert, dessen Trauben im eigenen kleinen Weingut in Rentsch reifen.

INFOS IN KÜRZE

Hotel Post Gries ***
Fam. Berger
Freiheitsstraße 117
39100 Bozen
Tel. 0471 279000
www.hotel-post-gries.com

Ganzjährig geöffnet, Sa. Abend und So. Ruhetag.
Auf der Veranda, in der getäfelten Zirmstube und dem großen Speisesaal bis zu 100 Plätze, vor dem Haus 20 Plätze an Gartentischen, 90 moderne Zimmer, Busparkplatz, Tiefgarage,

25 WEISSES RÖSSL, BOZEN

Bozens Lage an der wichtigen Nord-Süd-Transitstrecke machte die Stadt seit Urzeiten zu einem Verkehrsknotenpunkt und Rastplatz. Viele historische Wirtshausschilder in der im Stadtzentrum gelegenen Bindergasse erinnern noch heute daran. Auch das Wirtshaus zum Weißen Rössl war eines dieser alten Fuhrmannsgasthäuser.

Das Gasthaus blickt auf eine über 400 Jahre alte Geschichte zurück. 1775 wird in einem Steuerkataster das Rössl als Wirtsbehausung mit „Stuben, Kuchl, Kammern, Keller, Stallungen und Heudille (Scheune)" beschrieben. Heute sind die Räume z. T. noch mit antiker Täfelung erhalten, in manchen finden sich Gemälde mit Darstellungen des bäuerlichen Lebens, wahrscheinlich von einem Mitglied der Malerfamilie Stolz angefertigt. Seit 1957 bewirtschaftet die Familie Anrather das Weiße Rössl, unbestritten ein Zentrum der Bozner Gastlichkeit.

Das zeigt sich auch an der Nachfrage: Die knapp 200 Sitzplätze sind jeden Tag über Mittag ausgelastet. Wer essen möchte, bekommt einen freien Stuhl zugewiesen – das fördert den Sozialkontakt!

Im Rössl steht die Seniorchefin mit weißer Schürze in der Küche an der Durchreiche. Es gibt so ziemlich alles, was die Südtiroler Küche zu bieten hat: von der Sauren Suppe bis zum „Geheimnis" – etwas Gulaschsoße, in der sich möglicherweise ein Fleischstückchen versteckt! –, außerdem allerlei Knödel, saures Rindfleisch, Kalbskopf, im Herbst Schlachtplatten mit frischen Blut- und Leberwürsten, Weinsuppe, Schmarrn und Omeletten, Fischgerichte und je nach Jahreszeit auch Spargeln und Sommergemüse. Italienische Speisen wie Nudelgerichte und Risottos kommen ebenfalls nicht zu kurz. Als Nachspeise lockt der Strudel oder eines der besten Tiramisus weit und breit. Dazu munden verschiedene Fassbiere, als offene Weine ein Vernatsch und ein Weißburgunder der Kellerei Bozen sowie eine Auswahl an Südtiroler Flaschenweinen.

SARNER IM WEISSEN RÖSSL

Seit jeher war das Rössl eng mit dem Sarntal verbunden, das mag auch daran liegen, dass es für die Sarner das erste Wirtshaus auf ihrem Weg in die Stadt war. Die Fuhrleute lagerten hier ihre Waren ein und sammelten die Fracht fürs Tal. Die Bauern, die ihre Kühe zum Bozner Viehmarkt brachten, kamen schon am Vorabend ins Weiße Rössl, stellten die Tiere unter und gingen am Morgen zeitig zum Markt. Als um die Wende zum 20. Jh. der Autobusverkehr ins Sarntal einsetzte, war das Rössl erst Recht ein Anlaufpunkt. Im Gasthaus saß ein Angestellter der Busgesellschaft und verkaufte die Fahrscheine für die Busse, welche am nahen, ehemaligen Weggensteinplatz abfuhren. An Markttagen parkten dort bis zu sieben Busse, und allein am Vormittag wurden bis zu 300 Portionen Saurer Suppe verkauft!

INFOS IN KÜRZE

Restaurant Weißes Rössl
Fam. Anrather
Bindergasse 6
39100 Bozen
Tel. 0471 973267
www.weissesroessl.org

Sa. Abend und So. Ruhetag.
Mehrere Stuben
185 Sitzplätze,

26 GASTHOF JENESIEN, JENESIEN

Nördlich von Bozen liegt auf einem Sonnenbalkon der Ort Jenesien. Das einst ruhige Bergdorf hat sich seit dem Bau einer bequemen Straße fast zu einem kleinen Städtchen entwickelt. Unverändert ist die prächtige Aussicht hin zu den Dolomiten, auf Teile des Bozner Talkessels und nach Süden übers Etschtal.

Als 1937 die Seilbahn vom Bozner Stadtrand auf den Tschögglberg gebaut wurde, wurde die Bergstation auf einem Hügel südöstlich von Jenesien errichtet. Von dort mussten noch etwa 10 Minuten Fußweg zurückgelegt werden, um zum Gasthof Jenesien zu gelangen, der etwas unterhalb der Ortschaft lag. Hier begann dann der kurze Anstieg zum Kirchplatz. Da war es naheliegend, beim Plattner-Wirt, so hieß das Gasthaus damals, einzukehren. Das weite Wiesengelände vor dem Dorf gehörte zum nahen Lintner-Hof der Familie Plattner. Ein Bruder des Bauern errichtete den Gasthof in den 1930er-Jahren und führte ihn als modernsten Betrieb am Berg. Die wenigen Zimmer hatten bereits Zentralheizung, und in der Gaststube stand die erste Kaffeemaschine weit und breit! 1977 hängte Alois Gamper (allseits bekannt als „Schneider Luis") den Schneiderberuf an den Nagel und heiratete die Wirtstochter. Das Haus wurde gründlich umgebaut und in Gasthof Jenesien umbenannt.

Seit Kurzem bringen sich die Söhne Tobias und Florian Gamper nach absolvierter Fachschule und nach Lehrjahren in besten Häusern (Hotel Fragsburg bei Meran, Stafler in Mauls, Do & Co Catering in Wien) mit Schwung in den Gasthof ein. Ersterer ist gelernter Koch und führt nun einerseits die bereits von Mutter Frieda hochgehaltene traditionelle Hausmannskost weiter, andererseits sorgt er für Neues, Modernes und Leichtes. Die Speisekarte ist kompakt und originell, ein Höhepunkt sind die Nachspeisen von Florian, dem Konditor.

Bei Schokoravioli mit Vanillecremefüllung und einer Garnitur aus frischen Früchten oder der Crème brûlée mit Erdbeeren in Balsamico mariniert und Sauerrahmeis läuft einem das Wasser im Munde zusammen! Die kleine Weinkarte bringt einen Querschnitt von interessanten und preislich gut positionierten Südtiroler Weinen.

EUROPÄISCHER FERNWANDERWEG E5

Am Gasthof Jenesien führt eine rot-weiß-rote Markierung mit der Bezeichnung E5 vorbei. Dahinter verbirgt sich einer der reizvollsten der 11 Europäischen Fernwanderwege. Er verläuft mit einer Gesamtlänge von ca. 3.050 km von der Pointe du Raz an der Atlantikküste Frankreichs durch die Schweiz, Deutschland und Österreich über die Alpen bis nach Verona. Die Strecke zwischen Oberstdorf in Bayern bis nach Bozen gilt als der schönste Abschnitt. Wer ein Stück davon erwandern möchte, startet am besten beim Sportplatz nördlich von Jenesien und folgt der Markierung nordwärts über die weiten, ebenen Lärchenwiesen des Saltens mit prächtigen Ausblicken hin zu den Dolomiten und zur Ortlergruppe.

INFOS IN KÜRZE

Gasthof Jenesien
Fam. Gamper
Dorfstraße 33
39050 Jenesien
Tel. 0471 354138
www.gasthof-jenesien.it

Ganzjährig geöffnet,
Di. Ruhetag.
In Speisesaal,
Stube und Schankraum bis zu 50 Plätze, vor dem Haus 30 Plätze an Gartentischen,

20 gut ausgestattete Zimmer, €€

27 HÖLLRIEGL, SARNTHEIN

Von Bozen aus zieht sich das etwa 30 km lange Sarntal nach Norden zum Penser Joch hin. In der Mitte öffnet sich das anfänglich schluchtartige Tal zu einem weiten Wiesengrund. Hier liegt auf knapp 1.000 m Höhe der Hauptort Sarnthein am Ufer der Talfer. In einer der schmalen alten Dorfgassen befindet sich der Gasthof Höllriegl.

Sarnthein war bereits im Mittelalter ein bedeutendes Dorf – die Pfarrkirche, Schloss Reinegg und der Wohnturm Kränzelstein verweisen darauf, auch etliche Häuser und deren Besitzer werden in alten Urkunden genannt. An der Talfer siedelten sich Handwerker an, die das Bachwasser nutzten: Müller, Lodenstampfer und Gerber. Wo heute das Gasthaus Höllriegl steht, befand sich einst das 1406 und 1412 urkundlich erwähnte Rotgerberhaus. Um 1880 kaufte der Arzt Dr. Höllriegl das Gebäude und eröffnete darin eine Gaststätte, die trotz mehrfachem Besitzerwechsel noch immer seinen Namen trägt. Nach einem großen Umbau präsentiert sie sich nun unter der Führung der Besitzerfamilie Aichner als gemütliches Dorfgasthaus mit Schankraum, Speisesaal, einem Stübchen mit altem Holzgetäfel und einem Kachelofen aus der Gründungszeit sowie einem Gastgarten.

Karl Aichner kümmert sich um Service und Verwaltung, seine Schwester Annemarie und ein Sarner Koch, der dem Haus seit zwanzig Jahren die Treue hält, verwöhnen die Gäste mit gutbürgerlichen Speisen. So stehen Kalbskopf und saures Rindfleisch immer auf der Karte. Die Backerbsen und Milzschnitten sind, wie die Schlutzkrapfen, selbst gemacht, an Festtagen gibt es meist einen Braten. Zu den Hausspezialitäten zählen der üppige Hausspieß oder das Kaiser-Franz-Joseph-Filet mit Spargeln, Kroketten und Gemüse. Sarnthein ist ein klassischer Marktort. Die Märkte sind gut besucht, der anschließende

Besuch im Wirtshaus Höllriegl ein Muss. Deshalb wird an Markttagen immer etwas Besonderes angeboten. Im Oktober etwa beginnt die Saison des Schweineschlachtens und des Sauerkrautes, das im Sarntal zur Gänze oder teilweise aus Krautrüben zubereitet wird. Auch das Schöpserne (Hammelbraten) ist zur Marktzeit meist im Angebot.

TRADITIONELLE MÄRKTE IN SARNTHEIN

Die wichtigsten Sarner Märkte sind: der Aschermittwochmarkt, der 18.-Moidn-Markt (am 18. Mai), der Veitsmarkt am 15. Juni, der dreitägige Sarner Kirchtag am 1. Wochenende im September, der Kälbermarkt am 2. Montag im Oktober, der Simon- und Judasmarkt am 29. Oktober und der Martinimarkt am 11. November.

DAS ROHRERHAUS

Einen guten Einblick in die Sarner Tradition bietet der Besuch des Rohrerhauses. Der Rohrer, bereits 1288 urkundlich erwähnt, war einer der größten Bauernhöfe des Tales. Nachdem der Landwirtschaftsbetrieb in das Grün am Dorfrand ausgelagert wurde, entstand im mittlerweile leerstehenden alten und mächtigen Bauernhaus ein Dokumentationszentrum zu Geschichte und Brauchtum der Sarner. Die Räume können auch für Feiern, Seminare und Veranstaltungen genutzt werden. Info: www.rohrerhaus.it

INFOS IN KÜRZE

Gasthof Höllriegl
Fam. Aichner
Klara-Von-Pölt-Weg, 9
39058 Sarnthein
Tel. 0471 623077
www.hoellriegl.com

Ganzjährig geöffnet,
Mi. Ruhetag.
In den Stuben bis zu 70 Plätze, vor dem Haus 50 Plätze an Gartentischen, 8 gut ausgestattete Zimmer, im Nebenhaus einige Ferienwohnungen, Kinderspielplatz, Parkplatz, €€

AUTONOME PROVINZ BOZEN - SÜDTIROL PROVINCIA AUTONOMA DI BOLZANO - ALTO ADIGE

PROVINZIA AUTONOMA DE BULSAN - SÜDTIROL

28 : PFARRGASTHOF, DURNHOLZ

Wer Ruhe und Erholung inmitten einer unberührten Landschaft sucht, wird im Sarntal nördlich von Bozen fündig, wo noch tief verwurzelte Traditionen gepflegt werden. Ein schöner Tagesausflug führt zum Durnholzer See mit den wenigen Häusern des Dörfchens Durnholz und dem historischen Pfarrgasthof.

Durnholz ist nur 16 km von Sarnthein, dem Hauptort des Sarntals, entfernt und grenzt doch schon fast ganz an den Talschluss. Vermutlich liegt darin das Geheimnis seiner Ruhe, an der auch Jahrzehnte an Tourismus in der Umgebung nichts verändern konnten. Die Talstraße endet kurz vor dem Dorf, gleich nach dem Parkplatz führt ein kleiner Steig über den Bach, und schon ist das große, markante Gebäude neben der Kirche erreicht. Lange Zeit diente es als Pfarrwidum, wo nach dem Gottesdienst Wein ausgeschenkt wurde. Auch die Schule befand sich in dem großen Haus, ein eigener Raum im Obergeschoß wurde als Theatersaal genutzt. Pfarrer Anton Tröger verwandelte das Widum in einen richtigen Gastbetrieb, der sogar über Fremdenzimmer verfügte. Eine große Veranda und eine Kegelbahn kamen ebenfalls hinzu, während Pfarrer Tröger selbst als Wirt fungierte. Dies änderte sich nach 1965, als seinem Nachfolger auch die Pfarre Reinswald übertragen wurde. Die Familie Innerebner nahm den Gasthof in Pacht und führt ihn seither mit viel Engagement.

Aus der Familie Innerebner bringt sich nicht nur die Chefin, Frau Roswitha, in den Gastbetrieb ein, während der Hauptsaison im Sommer helfen auch die vier Töchter tatkräftig mit. Dass so viel weiblicher Einfluss der Küche nur zugute kommt, zeigt sich an den schmackhaften traditionellen Tiroler Gerichten wie Milzschnittensuppe, Knödel und Omeletten. Herzhaft sind etwa die unterschiedlichen Knödelvariationen mit Pfifferlingen, Käse, Speck oder Buchweizen

sowie mit allerlei Kräutern wie Basilikum, Rauke, Kresse oder Brennnesseln. Auch für die Wildgerichte, darunter das Hirschgulasch, ist der Pfarrgasthof bekannt. Der Speck auf dem Jausenbrettl kommt aus der Selchstube eines nahe gelegenen Bauernhofes. Als süßes Finale überzeugen die Marillenknödel, die mit dem Apfelstrudel, der Käsesahnetorte, der Schwarzwälder Kirschtorte oder der Himbeertorte um die Gunst der Gäste konkurrieren.

WANDERMÖGLICHKEITEN

Nach einer kräftigen Stärkung im Pfarrgasthof bietet sich eine gemütliche Seerundwanderung an, bei der es fast durchwegs eben, teilweise auf einem Waldsteig, in 45 Minuten um den Durnholzer See geht. Außerdem führt vom Gasthaus ein kurzer Wiesenweg in 10 Minuten zur aussichtsreich am Hang gelegenen Kapelle Maria Trost. Eine deutlich längere Wanderung beginnt in Durnholz und führt an der westseitigen Talflanke entlang (rote Markierung Nr. 4, Richtung Astfeld/St. Valentin). Der 12,5 km lange Weg verläuft in leichtem Auf und Ab über Wiesen, durch Waldstücke und an Bauernhöfen vorbei und bringt uns in ca. 3 ½ Stunden nach Astfeld.

INFOS IN KÜRZE

Pfarrgasthof, Pächter
Fam. Innerebner
Durnholz
39058 Sarntal
Tel. 0471 625142

Do. Ruhetag.
Auf der Veranda 60 Plätze, in der alten Stube 15, in der neuen Stube 14 Plätze und auf der Gartenterrasse 40 Plätze,

29 SCHWAIGER, RITTEN

Auf einer sonnigen Wiesenterrasse am Osthang des Rittens liegt – verträumt und abseits der großen Durchzugsrouten und Verkehrswege – das Dörfchen Lengstein. Das war nicht immer so: Bis ins ausgehende Mittelalter zog der gesamte Brennerverkehr über den Ritten, auch 80 Kaiser und Könige nahmen den beschwerlichen Weg auf sich, um zur Krönung nach Rom zu gelangen. An dieser „Kaiserstraße" hatte der Schwaiger eine bedeutende Stellung.

Die ausgetretene Steintreppe, das Wappen über dem Eingangsbereich und die prächtige Fassade sowie die alten Gewölbe, holzgetäfelten Stuben und Eisentüren zeugen von der langen Tradition dieses ehemaligen Fuhrmannswirtshauses an der einst viel befahrenen Straße. Lengstein besitzt das älteste urkundlich belegbare Marktrecht von ganz Tirol aus dem Jahr 1177. Ein Teil des Gebäudes stammt ebenfalls aus dieser Zeit. Das Gasthaus ist seit Generationen im Besitz der Familie Mayr, die auch einen großen Landwirtschaftsbetrieb bewirtschaftet und ein Gemischtwarengeschäft betreibt. So wie bei alten Wirtshäusern üblich, liegen die Gaststuben im ersten Stock. Der Zugang über die alten Steinstufen und der kühle große Hausflur mit den Gewölben vermitteln sofort einen Eindruck von vornehmer Größe.

Der Schwaiger ist für seine einfachen, bodenständigen Tiroler Gerichte bekannt, die von der Seniorchefin Maria Theresia Mayr und ihrer Schwiegertochter Marialuise liebevoll zubereitet werden. Auf der Speisekarte findet sich die ganze Bandbreite der Hausmannskost: Knödel auf vielerlei Art, Rindfleisch gekocht mit Röstkartoffeln und Kren oder mit Zwiebelringen sauer angemacht, große, saftige Wiener Schnitzel, Milzschnittensuppe, Kasnocken und Zwiebelrostbraten. An Sonn- und Feiertagen oder im Herbst sind abwechselnd verschiedene Braten und Schlachtplatten im Programm, als Jause gibt es Speck am Brettl und zum Nachtisch werden hausgemachte Kuchen oder Kompott serviert. Allerlei Nudelgerichte runden das Angebot ab. Zu den Gerichten passen die typischen Südtiroler Weine: die weißen aus dem Eisacktal und die roten aus Bozen und dem Überetsch, allesamt von führenden Kellereien.

ZUM ANDREASKIRCHLEIN

Vom Schwaiger ist es nicht mehr weit (Weg Nr. 9, 180 Hm Abstieg, 20 min Gehzeit) zum etwas unterhalb gelegenen Weiler Antlas mit dem kleinen Kirchlein, das auf einem Felssporn sitzt. Es ist dem hl. Andreas geweiht, im Volksmund „Antlas" genannt. Die Kirche steht auf einem überaus aussichtsreichen und ob der exponierten Lage beeindruckenden Platz! In der Nähe wurden Relikte aus der Bronzezeit gefunden, vermutlich handelt es sich hier um einen vorchristlichen Kultplatz. Der 360°-Rundblick entschädigt für die Mühen des kurzen Aufstieges vom nahen Gasthaus Zuner, wo der Kirchenschlüssel verwahrt wird. Das Andreaskirchlein birgt ausdrucksstarke und wertvolle Fresken aus dem 15. Jh. Sehenswert sind auch die kolorierten Schlusssteine an den Rippen im Chor.

INFOS IN KÜRZE

Gasthof Schwaiger ***
Fam. Max Mayr
Dorf 1
39054 Lengstein/Ritten
Tel. 0471 349049
www.gasthof-schwaiger.it

Von Allerheiligen bis Ostern geschlossen, Do. Ruhetag.
In zwei Stuben 50 Plätze, im Gastgarten 20 Plätze unter Kastanienbäumen, 13 gemütliche Zimmer, €

30 ⋮ WEISSES RÖSSL, KALTERN

Kaltern und der Kalterer See sind untrennbar mit dem Wein verbunden – das zeigt sich schon am Namen des bekannten Rotweins und nicht zuletzt an der Landschaft. Eine besondere Auswahl an Kalterer Weinen lässt sich am besten im Weißen Rössl genießen, das am Marktplatz von Kaltern, gegenüber von Kirche und Rathaus steht.

Der prächtige mehrgeschossige Eckbau mit der großzügigen Architektur geht auf die Umgestaltung eines mittelalterlichen Hauses im Jahr 1568 durch Silvester del Gall zurück. Typisch für den Baustil der Überetscher Weingegend sind die Doppelbogenfenster mit den Mittelsäulen in den oberen Stockwerken. Das Weiße Rössl hat gleich zwei Repräsentationsfassaden: eine zum Marktplatz, die andere zur Hauptstraße hin. Der große Eckerker stammt aus dem Jahr 1696, dort ist auch das kunstvoll geschmiedete Wirtshausschild mit dem weißen Ross angebracht. Im Erdgeschoß befinden sich die Gaststuben und die Bar mit dem Schankraum, im ersten Stockwerk stehen weitere unterschiedlich große Räume für diverse Anlässe zur Verfügung. Nach Tauf-, Hochzeits- oder Beerdigungsfeiern in der gegenüberliegenden Pfarrkirche finden sich die Kalterer gern im Weißen Rössl ein, wo der weiterführende weltliche Teil abgehalten wird. Seit 1902 lenkt die Familie Ambach die Geschicke des Hauses.

Frau Lotte Ambach ist der gute Geist des Hauses, ihr Mann führt in der Küche Regie, ein Chefkoch sorgt für die traditionellen Südtiroler Speisen: allerlei Knödelgerichte, Tafelspitz und Gröstl sowie verschiedene Suppen, darunter die Milzschnittensuppe, die einstige klassische Hochzeitssuppe. Für die vielen Touristen, die gern beim Rössl einkehren, werden besonders zur Mittagszeit Tellergerichte mit italienischem Einschlag, darunter viele Nudelgerichte, zubereitet. Auf der umfangreichen Weinkarte wird dem Südtiroler Wein und insbesondere jenem aus Kaltern der absolute Vorzug gegeben. Als Nachspeise locken selbstgemachtes Eis oder der Apfelstrudel im Blätterteigmantel.

ERZHERZOG FERDINAND KARL

Im ersten Stock des Gasthauses hängt ein altes Ölbild: Es ist das Porträt des österreichischen Erzherzogs Ferdinand Karl (1628–1662). Er war der Sohn von Claudia de Medici, der Tiroler Landesfürstin, welche nach dem frühen Tod ihres Mannes Leopold V. die Amtsgeschäfte in Innsbruck übernahm. Ihr Sohn Ferdinand Karl war zu der Zeit erst vier Jahre alt. Mit seiner Volljährigkeit wurde er mit den Regierungsgeschäften betraut. Wegen seines verschwenderischen Lebensstils und seines Mäzenatentums – er ließ in Innsbruck eine Oper bauen, stellte Musiker und Komponisten ein und sammelte teure Kunstwerke – galt er als der „Sonnenkönig" von Tirol. Während einer Sauhatz im Altenburger Wald bei Kaltern verletzte er sich schwer und verstarb kurz darauf im Weißen Rössl.

INFOS IN KÜRZE

Gasthof Weißes Rössl
Fam. Ambach
Marktplatz 11
39052 Kaltern
Tel. 0471 963137
www.weisses-roessl-kaltern.com

Restaurant vom 1. April bis Allerheiligen geöffnet, Mi. Ruhetag.
Im Schankraum und in mehreren Stuben bis zu 100 Plätze, vor dem Haus am Marktplatz 80 Plätze an Gartentischen, 20 Zimmer,

31 AL DRAGO, BRANZOLL

Südlich von Bozen liegt auf einem Schwemmkegel des Aldeiner Bachs am Fuß roter Porphyrflanken das Dörfchen Branzoll. Trotz der Nähe zur sich ausbreitenden Landeshauptstadt wurde es noch nicht von dieser vereinnahmt und hat sich seinen ländlichen Charakter weitgehend erhalten. Um den Dorfplatz an der einst viel befahrenen Brennerstrecke scharen sich schöne Bürgerhäuser, eine altehrwürdige Kirche und ein gut besuchtes Wirtshaus, der „Drago".

Die alten Mauern des Gasthauses stammen aus dem 15. Jh. In den weitläufigen renovierten Kellerräumen ist das sorgfältig geschichtete Sichtmauerwerk aus Stein gut erhalten, auch die ebenerdigen Gaststuben zeigen noch die alten Gewölbe. Einst zierte ein Greifvogel das Schild des Wirtshauses. Die nunmehrigen italienischen Besitzer, die die Gaststätte vor drei Jahrzehnten übernahmen, benannten sie in „Drago" um, was so viel wie Drachen bedeutet. Mit viel Fleiß hat die Familie Pallaoro das Haus, das sich in einem desolaten Zustand befand, zu neuem Leben erweckt.

Es ist eine wahre Freude, zu sehen, wie sich die gesamte Familie Pallaoro um das Wohl der Gäste kümmert: Mamma Andreina und Patron Mario sowie die Töchter Lorenza, Roberta, Loredana und Antonella – jeder hat seine Aufgabe im Familienbetrieb, ob nun in der Verwaltung, im Service, an der Bar oder in der Küche. In der Nähe vom Drago führt der Etschradweg vorbei, Radfahrer sind häufige Gäste, die hier auch übernachten. Sie schätzen das reichhaltige Frühstück, das Kraft für die nächste Etappe gibt. Am Abend kommen die Einheimischen und die Bozner, um die typische Hausmannskost zu genießen: Trippe (Kaldaunen) alla parmigiana, Ossobuco oder Stockfisch mit Polenta, Risotto mit „Palestina", einem kräftigen Branzoller Rotwein, und zum Abschluss die Golosastra-Torte, ein

süßes Kunstwerk aus Ricotta mit Weichselkirschen. Die Polenta wird selbstverständlich im Kupferkessel zubereitet. Da kann ein Verdauungsschnaps, von Schwiegersohn Andrea angesetzt, schon hilfreich sein. Bei all diesen Köstlichkeiten verwundert es kaum, dass auch Landeshauptmann Luis Durnwalder und die Altbischöfe Wilhelm Egger und Karl Golser gelegentlich im Drago gesichtet wurden.

BRANZOLL UND DIE ETSCHSCHIFFFAHRT

Über viele Jahrhunderte hinweg war die Etsch von Süden her bis Branzoll schiffbar. Die Schiffe legten beim Flusshafen, der Lände, an. Die Waren wurden umgeladen und auf dem Landweg mit Fuhrwerken an- oder weitergeliefert. Der Transport auf der Strecke von Bozen nach Branzoll lag in den Händen von Frächtern, den Rottfuhrleuten, die auch für die Instandhaltung der Wege verantwortlich waren. Über das Brantental wurden Holzstämme von Deutschnofen nach Leifers und Branzoll geliefert, wo sie zu Flößen gezimmert und so südwärts verschifft wurden. Während Waren wie Salz in Fässern und Stoffballen zur Zwischenlagerung kamen, kehrten die Fuhrleute und Schiffer gerne in den Gasthäusern, darunter dem Greifen (dem heutigen Drago), ein.

INFOS IN KÜRZE

Locanda al Drago
Fam. Pallaoro
Alte Kirchenstraße 15
39051 Branzoll
Tel. 0471 967103
www.locandaaldrago.it

Ganzjährig geöffnet, Sa. Abend und So. Ruhetag
In den Stuben bis zu 100 Plätze, vor dem Haus 40 Plätze an Gartentischen, 12 Zimmer, €

32 WALDTHALER, AUER

Das Dorf Auer liegt im Unterland, östlich der Etsch, in einer Geländebucht, nach Süden hin geschützt vom felsigen Hügel von Castelfeder. Seit die Zufahrt ins Fleims- und Fassatal nicht mehr durch den Ort führt, ist es etwas ruhiger und beschaulicher geworden, Fußgänger haben das Dorf und den Hauptplatz, wo das Gasthaus Waldthaler steht, wieder stärker zurückgewonnen.

Das Gasthaus Waldthaler zählt zu den alten Dorfwirtshäusern von Auer. Es liegt an der ehemaligen Hauptverkehrsader, der Brennerstraße, der wichtigsten Nord-Süd-Verbindung. Die Baulichkeiten des Hauses gehören zum alten Dorfkern „Unterdorf", dessen Entstehung auf das 15. bzw. 16. Jh. zurückreicht. An der Stelle des heutigen Gasthauses soll einst eine Schmiedewerkstätte gestanden haben. Ein Großbrand zerstörte 1876 die ganze Häuserreihe im Unterdorf. Der erste noch erfassbare Besitzer des Gasthauses war ein um 1879 erwähnter Martin Felin. In dem alten Haus mit dem deutschen Namen hat sich ein typisch italienisches Restaurant eingenistet. Nach Jahren der Schließung und einer gründlichen Renovierung, der es gelungen ist, Tradition und schlichte Moderne zu kombinieren, ist nun wieder Leben ins Wirtshaus eingezogen. Wie eh und je führt die kleine Freitreppe zu den Gastlokalen im Hochparterre, im Schankraum treffen sich die Einheimischen zum obligaten Kaffee, einem Glas Wein, einem Plausch und der Lektüre der Tageszeitung. Mittags und abends trudeln die Feinschmecker ein und genießen die raffiniert einfache italienische Küche.

Der aus Padua stammende Küchenchef Gianluca Pietrobon hat der Speisekarte einen typisch italienischen Stempel aufgedrückt, nimmt dabei aber auch auf lokale Essgewohnheiten Rücksicht: So gibt es am Sonntagvormittag die Saure Suppe, eine Tiroler Spezialität aus Rindskaldaunen in einer Einbrennsuppe. Aber seine Stärken liegen bei den mediterranen Gerichten, etwa Spaghetti mit Rotbarbenragout, Risotto mit Taleggio und Trüffel, am Montag wird

vom „carrello dei bolliti" (Servierwagen mit gemischt Gekochtem) Cotechino, Huhn, Zunge, Rindfleisch und Kalbskopf aufgetischt. Der Käsespezialist Hansi Baumgartner, Firma Degust, liefert die Zutaten zur reichen Käseauswahl für den Abschluss. Die Weinkarte ist mit etwa 80 Etiketten gut sortiert und listet die besten Tropfen Südtirols, aber auch anderer Provinzen auf. Natürlich nehmen dabei die Kellereien des Unterlandes, darunter auch kleine feine Winzerbetriebe wie der Maso Thaler mit seinem exzellenten Blauburgunder, eine Sonderstellung ein.

AUER UND DER SCHWARZENBACH

Der Schwarzenbach, dessen Einzugsgebiet das Weiß- und das Schwarzhorn ist, war immer wieder eine Bedrohung für den Ort, sein Wasser und das mitgeführte Geröll haben Auer mehrmals überschwemmt. Wer durch die Dorfgassen bummelt, wird die starken Schutzmauern, welche den Bach sowie die Gehöfte, Häuser und Wege säumen, bemerken – sie sollen vor Überschwemmungen schützen. Die Kirche St. Peter am südlichen Dorfeingang (bereits im 12. Jh. urkundlich erwähnt) liegt mehrere Meter tiefer als das umliegende Gelände, das in Jahrhunderten durch Vermurungen aufgeschüttet wurde.

INFOS IN KÜRZE

Gasthaus Waldthaler
Gianluca Pietrobon
Hauptplatz 34
39040 Auer
Tel. 0471 810533
www.osteria-waldthaler.it

Ganzjährig geöffnet,
Mi. Nachmittag und
Do. Ruhetag.
In den zwei
Stuben bis zu 40 Plätze,
€ €

33 ZUR ROSE, MONTAN

Am östlichen Rand des Etschtales breiten sich am Fuße des Trudner Horns prächtige Weinhügel aus. Es ist die Heimat des Blauburgunders, der hier eine besonders gute Qualität erreicht. Mitten in den Weinbergen liegt der Weiler Montan mit dem am Kirchplatz gelegenen Gasthaus Rose.

Gäbe es nicht das schön geschmiedete Wirtshausschild mit der goldenen Rose, wäre das Gasthaus als solches gar nicht zu erkennen. Die Gaststuben und der Schankraum liegen im ersten Obergeschoss, in das eine steile Treppe hinaufführt. Bereits 1539 wird ein Gebhardthof urkundlich erwähnt, 1671 taucht der Wirtshausname „An der roten Rose" auf. 1862 erwarben die Vorfahren der heutigen Besitzer das Anwesen, das jetzt „Gasthaus zur Rose" heißt, von den Einheimischen aber als „Unterwirt" bezeichnet wird. Vor einigen Jahren wurde das Haus schonend renoviert: Im ersten Stock empfangen den Besucher alte Gewölbe, steingefasste Tor- und Fensterlaibungen, ein Steinplattenboden und eine große Theke. In eines der Speisezimmer ist noch die alte Selchküche integriert. Die einfachen Holztische und -bänke passen hervorragend zum Stil des Gasthauses.

Die Rose ist ein richtiger Familienbetrieb. Hubert Malojer steht hinter der Theke, seine Frau Rita sorgt für die herzhafte Tiroler Kost mit leicht italienischem Einschlag, Sohn Peter und Schwiegertochter Irene helfen tatkräftig mit. Auf der täglich neuen Karte stehen Gerichte wie Kalbskopf und saures Rindfleisch, Knödel, Nocken- und Nudelgerichte, an Feiertagen Kalbsbraten, Leber mit Blauburgundersauce, Kaninchen mit Polenta sowie Wildgerichte. An den „Knödeltagen" gibt es – von der Vorspeise bis zum Dessert – 8 verschiedene Knödelvarianten, so etwa Speck- und Leberknödel in der Suppe oder Marillen-, Zwetschken- oder Germknödel als Nach-

tisch. Außerdem servieren die Wirtsleute Jausen und Brettlgerichte, darunter eine vegetarische Variante des Bauerntoasts. Auf der kleinen Weinkarte stehen vor allem Südtiroler Etiketten, der Schwerpunkt liegt dabei auf dem Unterland.

UNTERWEGS AUF DER ALTEN BAHNTRASSE

Auf der Strecke von Auer nach Predazzo im Fleimstal verkehrte bis 1963 eine Schmalspurbahn, die auch in Montan hielt. Die aufgelassene Trasse ist ein angenehmer Spazier- und Radweg. Der Abschnitt bei Montan, der von der Kreuzung mit der Staatsstraße nach Castelfeder, einer geschützten Hügellandschaft mit uralten Ruinenresten, führt, ist besonders reizvoll.

In Richtung Fleimstal führt der Weg am Schloss Enn vorbei (privat, nicht zu besichtigen), das in bester Aussichtslage oberhalb von Montan thront. Die Burg wurde 1648 vom hoch verschuldeten Erzherzog Ferdinand Karl, dem Sohn Claudia de Medicis, gemeinsam mit der Haderburg bei Salurn und dem Castel Monreale bei Faedo (TN) an die venezianischen Grafen Zenobio-Albrizzi verkauft, die sie heute noch besitzen. (Siehe auch den Beitrag zum Weißen Rössl, Kaltern, S. 71)

INFOS IN KÜRZE

Gasthof zur Rose
Fam. Malojer
Kirchplatz 17,39040 Montan
Tel. 0471 819564
www.gasthausrose.it

Ganzjährig geöffnet,
Mi. Ruhetag.

In den Stuben
bis zu 40 Plätze,
im geschützten Garten
im Innenhof 20 Plätze
an einfachen Tischen
unter Weinreben, €

34 SCHWARZ ADLER, KURTATSCH

Im Süden Südtirols, auf einer Sonnenterrasse an der rechten Seite des Etschtals, liegt prächtig der Weinort Kurtatsch mit seinen schönen Gassen und den behäbigen, fast vornehmen Häusern, die mit ihren gemauerten Torbögen und den charakteristischen Doppelbogenfenstern schon eher Landsitze als Bauernhäuser sind. Am Dorfplatz, nahe der Kirche, liegt der Schwarz Adler.

Der Schwarz Adler im Herzen von Kurtatsch ist das älteste Gasthaus im Ort und blickt auf eine traditionsreiche Geschichte zurück. Seit dem 17. Jh. ist er Gasthaus, bekannt wurde er als Schweiggl-Wirt unter Joseph Vigil Schweiggl, einem Kampfgenossen Andreas Hofers. Eine Tochter Schweiggls heiratete einen Pomella, die Familie führt somit seit über 200 Jahren den Gasthof. Im Haus war eine Schmiede untergebracht – ein Raum des Wirtshauses mit den mächtigen Balken aus uraltem Kastanienholz heißt auch heute noch „die Schmiede". Zwischen den beiden Weltkriegen war der Schwarz Adler geschlossen, im Jahr 1974 wurde er als Jausenstation wiedereröffnet. Nach einem schonenden Umbau, dem es gelungen ist, Neues und Altes vorbildlich zu verbinden, präsentiert sich das Wirtshaus seit 2007 als modernes Restaurant mit Vinothek und Weinverkauf.

Ursprünglich sollte das Gasthaus den Feriengästen, die in den vielen Unterkünften des Unterlandes nur Zimmer mit Frühstück oder eine Ferienwohnung gebucht hatten, eine schnelle, preiswerte und unkomplizierte Einkehrmöglichkeit bieten. Inzwischen ist der Schwarz Adler aber ein Treffpunkt für Einheimische geworden, die beim Essen etwas experimentierfreudiger sind. So sind Knödel und Schlutzkrapfen von der Speisekarte verschwunden. Auf dem großen Grill werden „Fiorentine", T-Bone-Steaks aus toskanischem Rindfleisch, zubereitet, auch sind typisch italienische Nudel- und Reisgerichte wie z. B. Rosmarinrisotto mit Wachtelbrust sehr gefragt; gar manche Gäste kommen wegen dem selten guten Rindstartar! Und weil die Wurzeln der Familie Pomella im Weinbau liegen, ist ihnen der Weinkeller eine besondere Herzensangelegenheit. Die Auswahl an regionalen Weinen ist beträchtlich, so finden sich allein zwölf Südtiroler Blauburgunder sowie 10 Dessertweine auf der Karte, diese gibt es wie die übrigen auch glasweise. Und das Gute: Wenn Ihnen die Weine schmecken, können Sie diese zu guten Preisen käuflich erwerben.

MUSEUM ZEITREISE MENSCH

Der Hügel von Kurtatsch mit Kirche, Dorfplatz und dem Schwarz Adler ist uraltes Siedlungsgebiet: 1860 wurde bei Umbauarbeiten im Widum zwischen Mauerresten eine Merkurstatue aus weißem Marmor entdeckt, ein Zeuge römischer Besiedlung. Der Figur fehlen der Kopf, der rechte Arm und der linke Unterarm. Das Original befindet sich im archäologischen Museum in Trient. Heimatkundlich Interessierten wird die Möglichkeit geboten, im „Museum Zeitreise Mensch" in der Botengasse, gleich um die Ecke, eine kurzweilige Reise in die Vergangenheit Südtirols zu machen. Dabei ist auch eine reichhaltige Sammlung an Arbeitsgeräten zu besichtigen.
Infos: www.museumzeitreisemensch.it

INFOS IN KÜRZE

Restaurant Schwarz Adler, Fam. Pomella
Josef-Vigil-Schweiggl-Platz 1
39040 Kurtatsch
Tel. 0471 096405
www.schwarzadler.it

Ganzjährig geöffnet, im Juli und Aug. Di. Ruhetag.
In mehreren Räumen bis zu 100 Plätze, im Garten mit schönem Ausblick aufs Unterland 50 Plätze an Gartentischen, €€

35 ANDREAS HOFER, NEUMARKT

Neumarkt, am linken Ufer der Etsch gelegen, ist mit knapp 5.000 Einwohnern der unbestrittene Hauptort des Unterlandes. Kennzeichen des Dorfes ist sein stadtähnlicher Charakter, den es den historischen Gassen, Laubengängen und stattlichen Häusern mit großen Innenhöfen verdankt. Im Ortskern, unter den Lauben, liegt das Gasthaus Andreas Hofer.

Der Bau geht im Wesentlichen auf das 16. Jh. zurück: Durch die großen Tore fuhren die Wagen, in den Innenhöfen waren Speicher und Stallungen untergebracht und im Buschenschank wurde der eigene Wein ausgeschenkt. 1843 erhielten die Besitzer die Genehmigung zu einem Gasthaus, ein Teil des Gebäudes war Gerichtshaus, Gefängnis und Gemeindehaus. Bis 1960 befanden sich die Gaststuben wie vielerorts im ersten Stock, in Neumarkt kam noch das Problem des Hochwassers der Etsch hinzu, die vor der Flussregulierung öfter über die Ufer trat und das Dorf unter Wasser setzte. 1972 erwarb die Familie Tauber das Anwesen, erweiterte es laufend und baute es zu einem komfortablen Hotel um. Wo immer möglich, wurde das schöne Alte konserviert und zur Geltung gebracht. Auch eine umfangreiche Sammlung an Kaffee- bzw. Teekannen aus Porzellan und eine alte Registrierkasse sind zu sehen. Neben den Wirtsleuten Albert und Erika arbeitet mit den beiden Töchtern bereits die dritte Tauber-Generation erfolgreich im Haus, das für die Einheimischen teilweise immer noch das alte Dorfwirtshaus geblieben ist.

Das Haus hat sich die typische Südtiroler Küche auf die Fahnen geschrieben: So gibt es viel Hausgemachtes wie gefüllte Teigtaschen mit Spargeln, Pfifferlingen oder Brennnesseln. In erster Linie kommen einheimische Produkte auf den Tisch, Gemüse und Salate liefert der eigene große Garten. Als Unterlandler Gasthaus darf natürlich die Polenta nicht fehlen, je nach Saison mit Pfifferlingen oder mit Wild. Auch die vielen leckeren Desserts sind hausgemacht, vom Strudel bis hin zu Tiramisù und dem Halbgefrorenen. Auf der Karte stehen die

großen Unterlandler Weine der verschiedensten lokalen Kellereien, vom süffigen Kalterersee bis zum komplexen Blauburgunder und dem gehaltvollen Gewürztraminer.

ANDREAS HOFER

Namensgeber des Gasthauses ist Andreas Hofer, der Tiroler Freiheitsheld aus dem Passeiertal. Nach seiner Gefangennahme wurde er am 20. Februar 1810 in Mantua erschossen. Auf der Fahrt dorthin verbrachte er eine Nacht im Gefängnis von Neumarkt.

PILGERHOSPIZ KLÖSTERLE

Südlich von Neumarkt, beim E-Werk, liegt ein mächtiger Gebäudekomplex, das Klosterle. Dabei handelt es sich um eine ehemalige Raststation an der alten Brennerroute, in der Pilgerreisende und Fuhrleute Unterkunft fanden. Es ist eines der wenigen fast vollständig erhaltenen Pilgerhospize Europas. Die romanische Anlage wurde 1220 erbaut und um 1300 erweitert, bis ins 16. Jh. diente sie als Herberge für Rompil ger. Derzeit wird das Klösterle renoviert, zukünftig soll es als Museum genutzt werden.

INFOS IN KÜRZE

Hotel Andreas Hofer ***
Fam. Tauber
Straße der Alten Gründungen
21–23, 39044 Neumarkt
Tel. 0471 812653
www.hotelandreashofer.com

Ganzjährig geöffnet,
So. Ruhetag.

In den Stuben und Sälen bis zu 100 Plätze, unter den Lauben an Gartentischchen 40, 33 komfortable Zimmer, €€

36 ⋮ KRONE, ALDEIN

Vom Etschtal aus gilt es knapp 1.000 Höhenmeter zu überwinden, um ins Dorf Aldein zu gelangen, das in sonniger Lage am Regglberg zu Füßen des Weißhorns liegt, umgeben von Wiesen, stattlichen Bauernhöfen und herrlichen Lärchenwäldern. Zusammen mit dem Pfarrwidum, dem Gemeindehaus und der alten Schule bildet das behäbige Gasthaus Krone das Dorfplatzensemble.

Die alten Gewölbe, Tür- und Fenstereinfassungen, die Stubentäfelung, der tiefe Weinkeller sowie der antike glasierte Kachelofen zeugen von jahrhundertealter Wirtshaustradition. Bereits 1577 wird die Krone, die am einst viel begangenen Pilgerweg nach Weißenstein liegt, als Gasthaus erwähnt, seit 1720 ist sie im Besitz der Familie Franzelin. Im Nebengebäude waren bis in die 1930er-Jahre der Pferdestall und die damalige „Wellnessabteilung" untergebracht. Es wurden Heubäder für die „Landler" angeboten – so wurden die gut situierten Bozner und Meraner Bürger genannt, die hier zur Sommerfrische weilten. Bis kurz nach dem Zweiten Weltkrieg wurden auch eine Metzgerei und ein Gemischtwarengeschäft betrieben. 1969 übernahm Alberta Franzelin, die heutige Seniorwirtin, das Regiment, mittlerweile führen ihre Söhne Georg und Peter das Haus erfolgreich weiter.

Es schlägt sich auf die Speisekarte nieder, dass zum Haus eine eigene Landwirtschaft mit Rindern, Schweinen und Ziegen gehört, die Fleisch, Frischkäse, Topfen, Milch, Schinken und Speck liefert. Geselchtes und Hauswürste werden ebenfalls zubereitet. Was nicht aus der eigenen Landwirtschaft kommt, liefern Bauern aus der Umgebung. Alberta Franzelin steht noch selber in der Küche, ihre Spezialität sind Fleischgerichte wie Braten, Bauerngröstl oder Kalbskopf. Neben Besonderem wie gebratenem Kalbsbries mit Linsensalat oder gebackenem Kalbshirn finden sich auf der Karte natürlich auch verfeinerte Gerichte aus der klassischen Tiroler Küche. Ein Schlager sind die Hirschmedaillons und die Lammkoteletten mit gebratenen Äpfeln! Als Abschluss sind die Marillenknödel oder der Käseteller beliebt. Aus dem schönen alten, kühlen Keller kommt eine tolle Weinauswahl mit Spezialitäten, die nicht nur aus Südtirol, sondern auch aus ganz Italien, aus Österreich, Deutschland, Frankreich und Übersee stammen. Viele werden glasweise serviert, 15 verschiedene Etiketten sind als Piccolo (0,375 l) erhältlich.

BLETTERBACHSCHLUCHT

Nahe Aldein führt eine lohnende Wanderung durch die Bletterbachschlucht, ein drei Kilometer langer begehbarer Canyon aus vulkanischem und sedimentärem Gestein. Seit 2009 gehört diese spektakuläre Landschaft zum UNESCO-Weltnaturerbe. Vom Parkplatz beim Besucherzentrum nahe dem Berggasthaus Lahneralm führt Weg Nr. 3 in 30 Minuten hinunter in die Schlucht.
Infos unter Tel. 0471 886946 und www.bletterbach.info.

INFOS IN KÜRZE

Gasthof Krone ***
Fam. Franzelin
Dorfplatz 3
39040 Aldein
Tel. 0471 886825
www.gasthof-krone.com

Mo. Ruhetag,
Nov. und April
(außer Ostern)
geschlossen.

In den Stuben
bis zu 70 Plätze, vor dem
Haus 20 Plätze auf der
Terrasse, 13 liebevoll
eingerichtete Zimmer,
€€€

37 STERN, DEUTSCHNOFEN

Das Bergdorf Deutschnofen liegt sonnig und frei auf 1.357 m zu Füßen des Latemars und des Weißhorns auf einem Hochplateau, eingebettet in weite Wiesen und umgeben von herrlichen Wäldern und Almen. Unser Ziel, das Traditionshaus Gasthof Stern, liegt direkt am Dorfplatz neben der Kirche.

Der Gasthof Stern kann auf eine lange Tradition zurückblicken. Bereits im 15. Jh. gehörte das obere Wirtshaus, wie es damals hieß, der angesehenen Familie Mertenstorffer, welche Wappen und Siegel besaß. Ein Spross, Anthonj, war im 16. Jh. Webermeister, Wirt und Gerichtsschreiber. Das Haus wechselte in der Folge mehrmals Besitzer und Pächter. Im 18. Jh. wurde aus der Mertenstorfferschen Wirtsbehausung durch die Einheirat einer Tochter des Nockerbauern der Nockerwirt, bis dann im 19. Jh. der noch heute gebräuchliche Name „Wirtshaus zum Stern" auftaucht. Mittlerweile lenken die vier Schwestern Brunner mit Familien die Geschicke des Hauses. Die Jungen, darunter Paul Pfeifer, führen die Wirtstradition mit Engagement und Fachwissen weiter.

ZUM HÜGELKIRCHLEIN ST. AGATHA

Ein breiter Weg (Markierung 5) führt in 40 Minuten in nordöstlicher Richtung zu einem Kirchlein, das der Märtyrerin und Schutzheiligen gegen die Feuersbrunst, der hl. Agatha, geweiht ist. Es steht einsam auf einem bewaldeten Hügel und ist Symbol vergangener Volksgläubigkeit. Im Kern ist es romanisch und wird bereits 1318 erwähnt. Später wurde es gotisch umgebaut, vor Kurzem erfolgte eine Renovierung. Der Schlüssel kann im nahen Unterkofelhof ausgeborgt werden.

Johanna Brunner führt das Regiment in der Küche, die für traditionelle, ländliche Gerichte bekannt ist. So Bodenständiges wie saures Rindfleisch, Saure Suppe, Nudelsuppe mit Rindfleisch, Milzschnittensuppe, dreierlei Knödel oder Rindszunge in Rotweinsoße und hausgemachte Teigtaschen, dazu je nach Saison Hirsch- und Lammbraten erfreuen den Gaumen des traditionsbewussten Gastes. Frau Brunner ist außerdem für die reichhaltige Kuchenauswahl verantwortlich, in der Vitrine stehen köstliche Obstkuchen sowie Karotten- und Linzertorten.

SEHENSWERTES DEUTSCHNOFEN

Das Schloss Thurn, ehemaliger Gerichtssitz, beherbergt nun unter anderem das Gemeindeamt, dort ist während der Bürozeiten der Gemeinde eine Sammlung sakraler Kunst zu sehen (Info: Tourismusbüro Deutschnofen, Tel. 0471 616567). Die gotische Pfarrkirche zu den hll. Ulrich und Wolfgang, im 13. Jh. erbaut, erhielt ihre heutige Gestalt in den Jahren 1455 bis 1498. Besondere Beachtung verdienen die Relief teile des großen geschnitzten gotischen Hochaltars, der im Jahr 1422 von Hans von Judenburg ursprünglich für die Pfarrkirche in Bozen geschaffen wurde. 1725 wurden die vier Holzreliefs den Deutschnofnern geschenkt und in den Hochaltar bzw. den rechten Seitenaltar eingefügt.

INFOS IN KÜRZE

Gasthof Stern ***S
Fam. Brunner-Pfeifer
Dorf 18, 39050
Deutschnofen
Tel. 0471 616518
www.hotel-stern.it

Weihnachten–Ostern und Pfingsten–Allerseelen geöffnet, Di. Ruhetag.
In der Regglstube 25 Plätze, im großen Speisesaal ca. 60, im „Ungarischen Zimmerl" ca. 24 und auf der Terrasse vor dem Haus 20 Plätze an Gartentischen,
28 komfortable Zimmer, Saunalandschaft mit großzügigem Ruhebereich, Hallenbad, €€

38 GASSERHOF, EGGEN

Am Fuße des Latemar versteckt sich mitten in den Wäldern der kleine Ort Eggen, eine Fraktion der weiter westlich gelegenen Gemeinde Deutschnofen. Während sich das nahe Obereggen durch das Skigebiet zu einem turbulenten Hoteldorf entwickelt hat, ist Eggen eine Oase der Ruhe geblieben.

Die erste urkundliche Erwähnung des Gebäudes geht auf das Jahr 1420 zurück, die Gebäudesubstanz ist aber wesentlich älter. Der einstige Röllnhof wurde damals vom adeligen Herrn Niederhauser an das Heilig-Geist-Spital in Bozen verkauft. 1550 ist erstmals vom „Hof an der Gassen" die Rede, der Weinausschank hat vermutlich hundert Jahre später begonnen. Markant ist der turmartige Haupttrakt mit der Wirtsstube, die aus früheren Zeiten erhalten ist. Schön geschichtete Steinquader, Gewölbe, steingefasste Rundbogentüren und Freskenreste aus dem beginnenden 15. Jh. weisen trotz neuerer Zubauten auf das hohe Alter des ursprünglichen Gebäudes hin. Nach mehrmaligem Besitzerwechsel übernahm Joseph Weissensteiner, ein Vorfahre des jetzigen Inhabers, 1909 das Gasthaus, zu dem auch eine Landwirtschaft gehört.

Peter Weissensteiner, gelernter Metzger und Koch, übernahm den Betrieb im Alter von 20 Jahren und sorgt seither für die gutbürgerliche einheimische Küche. Neben hausgemachten Nudeln zählen Fleischgerichte wie Braten und Hammelbraten (Schöpsernes), Kalbsleber auf venezianische Art (mit reichlich Zwiebel), Schlachtplatten, Rippelen oder Gerstsuppe sowie verschiedenste Knödelvarianten zu den Spezialitäten des Hauses. Im Herbst kommt bereits am Vormittag die Saure Suppe aus der Küche, auch am Abend wird sie von den einheimischen Gästen, die sich zum Kartenspiel einfinden, gern als kleine Mahlzeit bestellt. Die ehemalige alte Rußküche dient als gemütliches kleines Speiselokal, wo zur Törggelezeit Kastanien gebraten

werden. Da kommt Stimmung auf! Zu dieser Jahreszeit gibt es auch viele Pilzgerichte wie Steinpilz-Kartoffel-Gröstl mit Kräutern (Majoran, Schnittlauch und Petersilie). Mittags kehren gern viele Arbeiter ein und lassen sich die großen Portionen Hausmannskost schmecken. Bei den Weinen überwiegen die Südtiroler Tropfen.

DER GASSERHOF ANNO DAZUMAL

Eine Inventarliste aus der Hauschronik von 1704 veranschaulicht, was seinerzeit an Wirtshausausstattung vorhanden war: In der Gaststube gab es vier lange Tische, sechs Bänke und vier „etwas zerbrochene" Lehnstuhle. Dann eine „Schüsselstell" mit zwei Dutzend hölzernen Tellern und ebenso vielen aus Majolika und Steingut; dazu 12 Maßkrüge (1 Maß = ca. 0,9 l) und 12 Trinklkrüge (1 Trinkl = eine halbe Maß, also 0,45 l), etwa die Hälfte davon „etwas zerbrochen" oder „schlecht". Für bessere Gäste standen ein Tischtuch und acht „guete Tischmanipeler" (ein Manipel ist eine kleine Handstola, die am linken Arm getragen wird), zur Verfügung. Besteck gab es keines, das hatte jeder Gast selbst bei sich am Gürtel stecken (daher der Name Besteck = es steckt).

INFOS IN KÜRZE

Gasthof Gasserhof ***
Fam. Weissensteiner
Dorf 6, 39050 Eggen
Tel. 0471 615882
www.gasserhof.it

kein Ruhetag
100 Plätze in mehreren Stuben, wenige Tische vor dem Haus, 13 Zimmer, €€

39 ALTE POST – MITTERSTIELER, ATZWANG

Auf der Strecke zwischen Bozen und Klausen wirkt das Eisacktal zum Teil schwer passierbar: Die Talflanken bieten Fluss und Straße wenig Platz, Bahn und Autobahn umgehen in Tunnels oder auf Viadukten die Engstellen. An einer der wenigen breiteren Stellen scharen sich einige Häuser und ein Kirchlein um den mächtigen Gasthof Alte Post, gemeinsam bilden sie den Weiler Atzwang.

Die Alte Post zählt zu den schönsten und traditionsreichsten Gasthäusern Südtirols, ihre Ursprünge reichen bis ins 12. Jh. zurück. Dies verdeutlicht die einstige Bedeutung der Postgasthöfe: Bevor Bahn und Automobil ihren Siegeszug antraten und Autobahnraststätten die Funktion übernahmen, fanden Fuhrleute und Gäste in den Postgasthöfen Verköstigung und Quartier, Pferde wurden versorgt, Fuhrwerke repariert, Waren eingelagert oder umgeladen, Post übernommen und verteilt. Die Alte Post zeigt mit ihrem prächtigen Gebäude, den riesigen Stallungen, den Gewölben im Eingangsbereich, den getäfelten Gaststuben mit den schönen Kachelöfen, den kunstvollen schmiedeeisernen Fenstergittern und dem nahe liegenden Kirchlein die Postmeisterherrlichkeit eines Gasthofes an der viel befahrenen Brennerstraße. Bedeutende Persönlichkeiten sind hier schon eingekehrt, so etwa Johann Wolfgang von Goethe und Wolfgang Amadeus Mozart.

Seit jeher ist die Alte Post oder der „Mitterstieler", wie das Gasthaus nach einem bekannten ehemaligen Wirt auch genannt wird, für seine einfachen Tiroler Gerichte bekannt. Es werden gekochter Kalbskopf und mit Zwiebelringen sauer angemachtes Rindfleisch serviert, die vorwiegend einheimischen Gäste schätzen auch die Schlutzkrapfen, das Gröstl, allerlei Knödelgerichte und die Palatschinken.

Dazu gibt es Vernatsch-Schankwein sowie Eisacktaler Weißweine und Überetscher Rotweine. In der warmen Jahreszeit spenden Rosskastanien und Sonnenschirme den Tischen des großen, mit blühenden Oleanderbüschen geschmückten Gastgartens wohltuenden Schatten.

POSTGASTHÄUSER

Anno dazumal bekleidete ein Wirt, der auch Postmeister im Dienste der Thurn und Taxis war, ein öffentliches Amt und erlangte oft nicht nur Ansehen, sondern auch ein beträchtliches Vermögen. Der Postdienst funktionierte vergleichsweise hervorragend: Bereits um 1500 benötigte eine Briefsendung vom bayerischen Memmingen nach Rom mit berittenen Postboten, die wie bei einem Stafettenlauf den Brief weitergaben, lediglich fünf Tage. Die Postkutschen hatten zwar nicht viel an Komfort zu bieten, aber im Winter erhielten Reisende in den Postgasthäusern mit heißem Wasser gefüllte Wärmflaschen, die sie an der nächsten Station austauschen konnten. Eine solche kupferne Wärmflasche ist heute in der Alten Post zu bestaunen.

INFOS IN KÜRZE

Gasthof Alte Post *
Fam. Kelder
Atzwang 1
39040 Atzwang bei Bozen
Tel. 0471 353229

Ganzjährig geöffnet, Mo. abends und Di. Ruhetag.
In den Stuben bis zu 100 Plätze, vor dem Haus 20 Plätze an Gartentischen, 20 gut ausgestattete Zimmer, bei einem Städtetrip nach Bozen preiswerte Alternative zu den Stadthotels, da nur 12 km von Bozen entfernt, €

40 TURMWIRT, KASTELRUTH

Kastelruth liegt malerisch auf einem Hochplateau zu Füßen des Schlerns. Die Kirche und der frei stehende mächtige Kirchturm bilden zusammen mit Gasthöfen und Bürgerhäusern – viele davon auffällig bemalt – und dem Brunnen am Kirchplatz wohl eines der schönsten Dorfzentren Südtirols. Der Turmwirt neben dem Kirchturm ist Teil dieses besonderen Ensembles.

Das Haus des Turmwirts zählt sicherlich zu den ältesten Gebäuden im Dorf, auch wenn die erste urkundliche Erwähnung erst 1511 vermerkt ist. Einst „Schmalzgruberhaus" genannt, war darin ab 1680 das Gericht von Kastelruth untergebracht. Aus dieser Zeit stammen die getäfelte Herrenstube im ersten Stock, jetzt Aufenthaltsraum für die Hotelgäste, sowie der glasierte Kachelofen im Speisesaal. Vor 150 Jahren erwarb Michael Karbon das Anwesen und eröffnete den Turmwirt. Ebenerdig wurde die große Stube eingerichtet. Das Getäfel mit dem „Wasserbankl" – einer kupfernen Abspüle mit der Aussparung für das Wasserschaff – stammt aus jener Zeit. Die Räume im ersten Stockwerk sind zum Teil noch mit original antiker Einrichtung versehen. Die Wände schmückt eine bemerkenswerte Sammlung von Bildern einheimischer Künstler wie Hans Weber-Tyrol, Max Sparer und Albert Stolz.

Die Wirtsleute Günther und Gabi Sader legen großen Wert auf bodenständige Gerichte. Das schätzen die Gäste, sowohl die italienischen Urlauber im Hochsommer als auch die mehrheitlich bundesdeutschen Wanderer, die bei ihren Ausflügen ins Schlerngebiet zum Abendessen einkehren. Beliebt sind die gebratene Leber oder der Tiroler Rostbraten mit reichlich Zwiebel. Ein Teil der Speisekarte ist den bäuerlichen Erzeugnissen aus der Region vorbehalten. Natürlich stehen neben verschiedenen Knödelvarianten auch viele

Nudelgerichte auf dem Programm – sie vertragen sich mittlerweile gut mit den Tiroler Speisen. Getreu dem Grundsatz, dass vorwiegend einheimische Produkte serviert werden, sind auf der gut sortierten Weinkarte nur Südtiroler Tropfen gelistet. Fünf Weiß- und fünf Rotweine werden auch glasweise angeboten.

EDUARD BURGAUNER

Bei einem Bummel durch das schon fast städtisch anmutende Kastelruth fallen die aufwendig bemalten Fassaden vieler Häuser auf: Vor gut einem Jahrhundert lebte und wirkte hier der Maler Eduard Burgauner (1873–1913). Er entstammte einer alteingesessenen und wohlhabenden Bäckersfamilie. Es ist anzunehmen, dass sein Onkel, Johann Burgauner, ein in München ausgebildeter akademischer Maler, das Talent seines Neffen förderte und ihn zum Malen motivierte. So manches Bild zeigt feinen Humor: Am Gasthaus Wolf etwa, dessen Besitzer einst auch Metzger war, steht der sinnige Spruch: „Geschlachtet hat schon Abraham, dem lieben Gott ein Opferlamm, für Isaak seinen lieben Sohn: so alt sind auch die Metzger schon!"

INFOS IN KÜRZE

Gasthof Hotel Turmwirt ***, Fam. Sader
Kofelgasse 8
39040 Kastelruth
Tel. 0471 706349
www.zumturm.com

Ende Mai–Ende Okt. und Anfang Dez.–Ende März geöffnet, Jan.–März mittags geschlossen, Mi. Ruhetag.

In der Stube 30 Plätze, 70 Plätze im Restaurant, 40 Plätze im Garten, 14 gut ausgestattete Zimmer, €€

41 URIDL, ST. CHRISTINA

In St. Christina, dem mittleren der drei Grödner Dörfer, liegt auf der Sonnenseite des Tales gleich neben der Kirche das Hotel Uridl – kein Tipp für Langschläfer, denn die Kirchenglocken läuten die Gäste zeitig aus dem Schlaf. Aber in Gröden ist es sowieso in der Natur am schönsten ... Oder beim Essen in der Stube des Uridl!

Das Gasthaus Uridl, das mittlerweile in ein Charme-Hotel umgewandelt wurde, zählt zu den ältesten und traditionsreichsten Gasthäusern des Tales, seine Ursprünge gehen bereits auf das Jahr 1641 zurück. Seit fast vier Jahrhunderten ist es nun im Besitz der Familie Demetz. Die über 200 Jahre alte Zirbelstube mit dem Kachelofen, der noch immer gute Dienste leistet und wohlige Wärme spendet, ist das Herz des Traditionshauses. Nicht immer gingen Skifahrer, Wanderer und Bergsteiger ein und aus. So wurden etwa während des Ersten Weltkriegs österreichische Militärs verköstigt; sie überwachten den Bau der Schmalspurbahn von Klausen nach Plan, welche den Nachschub an der Dolomitenfront sicherstellen sollte. In den 1970er-Jahren war Sandro Pertini (italienischer Staatspräsident von 1978 bis 1985) oft zu Gast. Während seines Aufenthalts wurde das gesamte Haus aus Sicherheitsgründen geräumt. Heute sind neben den Hausgästen auch Passanten und Einheimische willkommene Kundschaft.

Das Uridl ist für seine gutbürgerliche Küche bekannt. So stehen ladinische Spezialitäten immer auf der Karte und werden gerne bestellt, allen voran die „crafucins", die Schlutzkrapfen aus Kartoffelteig mit einer Füllung aus Topfen (Quark). Im Sommer und Herbst spielen die bei den italienischen Gästen sehr beliebten Pilze eine Hauptrolle, ein Standardgericht sind etwa die Pappardelle mit Pilzen und Pfifferlingen. Auf der gut sortierten Weinkarte machen die Südtiroler Etiketten den Löwenanteil aus, aber auch das klassische Angebot aus der Toskana und dem Piemont ist dabei. Bei den Nachspeisen darf der Apfelstrudel nie fehlen.

WANDERUNG ZUR KIRCHE ST. JAKOB

Unmittelbar am Uridl startet ein schöner Rundgang zum Weiler St. Jakob – einem der stimmungsvollsten Orte des Grödner Tals – und dem gleichnamigen Kirchlein. Die im 13. Jh. erstmals erwähnte Jakobskirche mit ihrem hohen, schlanken Turm steht malerisch auf einer Lichtung im Wald. Im Chor birgt sie schöne gotische Freskenzyklen, auch das Christophorus-Fresko an der Südfassade stammt aus dem späten 15. Jh. Bei der Kirche laden Tische und Bänke zur Rast ein, aus einer Quelle sprudelt kühles Nass. Vor unserem Auge breitet sich ein herrliches Panorama aus, mit Postkartenblick zum Langkofel und der umliegenden Bergwelt! Start am Kirchplatz in St. Christina, dann über Ulëta nach St. Jakob (auch im Winter geeignet). Rückweg über Soplajes. Dauer: 2–2 ½ h

INFOS IN KÜRZE

Charme Hotel Uridl ***
Fam. Demetz
Chemun Str. 43
39047 St. Christina/Gröden
Tel. 0471 793215
www.uridl.it

In der Sommer- und Wintersaison geöffnet, kein Ruhetag.
In den Stuben
40 Plätze,
5 Tische im Freien,
13 schöne Zimmer,
Terrasse, Liegewiese,
Garten, €€

42 ZUR KRONE, LAJEN

Auf 1.100 m liegt auf einem Sonnenplateau – mit einem Weitblick über das Eisacktal – das Bergdorf Lajen. Im Osten ragen die Grödner Dolomiten über den Wäldern hervor, auf den Südhängen, im Weiler Ried, klettern die letzten Weinreben an den Sonnenhängen hoch. Am Dorfplatz liegt die Krone, ein traditionelles Dorfgasthaus.

So stellt man sich ein typisches Tiroler Wirtshaus vor: zentral am Platz neben der Kirche gelegen, mit einer großen, gemütlichen holzgetäfelten Gaststube und einem knarrenden Holzdielenboden, freundliche Wirtsleute und herzhafte, einfache Kost. Das ist die Krone in Lajen. Das alte Haus mit der steingefassten niederen Tür lässt ein respektables Alter erahnen. Immerhin wird bereits um 1570 ein Gasthaus urkundlich erwähnt, das als „Oberwirt" geführt wird. Erst viel später erhält es den Namen „Zur Krone" und ein dazugehöriges geschmiedetes Wirtshausschild, an dem gleich zwei vergoldete Kronen hängen. Die des Lesens unkundigen einfachen Leute sollten das Wirtshaus an dem gut sichtbar ausgehängten Symbol erkennen. Seit 1905 ist die Krone im Besitz der Familie Ploner.

ARCHÄOLOGIE AM WASSERBÜHEL

Aufgrund seiner günstigen Lage war Lajen schon früh besiedelt. Archäologische Grabungen an den Hängen des Wasserbühels – zwischen 1999 und 2004 durchgeführt – brachten neben Spuren frühgeschichtlicher Besiedelung (Keramik, Werkzeuge und Schmuckgegenstände aus der Kupfer-, Bronze- und Eisenzeit) auch Terrassierungs- und Wohnanlagen aus der Räter- bzw. der Römerzeit zutage. In einer knappen Stunde umrunden wir das Landschaftsschutzgebiet und die archäologische Fundstätte am Wasserbühel mit traumhafter Aussicht und schönen Rastplätzen aus Holzbohlen.

Infos zu den archäologischen Funden: www.gemeinde.lajen.bz.it

Toni Ploner, der Chef des Hauses, ist mit Leib und Seele Gastwirt. Er steht selbst in der Küche und bringt einfache, traditionelle Tiroler Gerichte auf den Tisch: Schlutzkrapfen, Knödel und Nocken, pikante oder süße Omeletten, an Sonn- und Feiertagen gibt es einen Braten oder Schweinshaxen mit Kraut und Knödeln oder Röstkartoffeln. Auch eine italienische Note ist dabei, neben allerlei Nudelgerichten sind Ossobuchi im Angebot. Als Nachspeise wird unter anderem Apfelstrudel gereicht, ein Renner ist das Zimt-Halbgefrorene. Die Klausner Kellerei liefert den Vernatsch sowie den Sylvaner, beide sind glasweise erhältlich, daneben liegt eine kleine Auswahl an Flaschenweinen im Weinkeller.

ZU DEN TÖRGGELEHÖFEN IM LAJENER RIED

Ausgangspunkt ist das Dörfchen Albions etwas unterhalb von Lajen. Auf Weg Nr. 5 gelangen wir leicht ansteigend zum Wasserbühel, auf dessen Kuppe Tisch und Bank für eine Rast stehen. Von hier steigen wir auf dem Steig Nr. 35 abwärts nach Ried und kommen dabei an etlichen Törggelehöfen vorbei, die zur Einkehr einladen. Der Rückweg nach Albions erfolgt über einen Waldsteig, der wenig unterhalb der Asphaltstraße den Berghang quert. Höhenunterschied 280 m, Gehzeit 2–3 Stunden.

INFOS IN KÜRZE

Gasthof zur Krone **
Fam. Ploner
Dorfplatz 13
39040 Lajen
Tel. 0471 655635
www.lajen.com

Nov. bis Weihnachten geschlossen, Do. Ruhetag.
In der großen Stube gibt es 60 Plätze, 8 gut ausgestattete Zimmer, €

43 TURMWIRT, GUFIDAUN

Im Eisacktal, ganz in der Nähe der Autobahnausfahrt Klausen, liegt auf einer Hügelkuppe vom Durchfahrtsverkehr abgeschirmt und in schöner Aussichtsposition das Dörfchen Gufidaun. Neben der Kirche steht das alte Gerichtsschreiberhaus, in dem sich unser Ziel, der Turmwirt, befindet.

In der getäfelten Stube des Turmwirts steht ein alter Kachelofen mit dem Wappen und den Initialen des Erbauers sowie dem Baujahr: 1678. Johann Paul Schenk war damals Schreiber am Gericht Gufidaun und konnte sich als wohlhabender Mann den burgartigen Bau sicher leisten. Nach wechselvoller Geschichte kaufte im Jahr 1878 ein Vorfahre des nunmehrigen Besitzers Ferdinand Gasser die „Schreiberbehausung samt einem Krautgarten" und eröffnete den Turmwirt unter dem Namen „Gasthaus Walther von der Vogelweide" – ein Zeichen der zu der Zeit verbreiteten Walther-von-der-Vogelweide-Euphorie. Der damals sehr bekannte Nürnberger Maler Ernst Loesch hielt sich oft und gern in der Klausner Gegend auf, über den Turmwirt schrieb er: „[D]er einfache Sinn der Bewohner ist bei allem Zulauf erhalten geblieben. Es kam nichts Unnatürliches im Hause auf, und es ist bei aller Güte und allem Fortschritt in kleinen Verbesserungen und Veränderungen das alte geblieben." Das gilt auch heute noch.

Im Turmwirt stimmt sowohl die Qualität der Produkte als auch die harmonische Atmosphäre, in der man sich als Gast gleich wohlfühlt. Die Freundlichkeit und das Kulturinteresse der Eheleute Gasser und ihrer Töchter tragen wesentlich dazu bei. Auf der Speisekarte stehen neben verschiedenen Nudelvariationen gute und sorgfältig zubereitete Gerichte wie Ziegenfrischkäse aus Lüsen mit Tomaten und Rucola, mit Zwiebelringen sauer angemachtes Rindfleisch, Pressknödel, Risotto mit Pfifferlingen, Nudelteigtaschen, natürlich die Eisacktaler Weinsuppe und das Bauerngröstl. Das hausgemachte Nussbrot ist ein Gedicht! Als süßes Finale werden warme Mohntörtchen, Topfenknödel oder hausgemachtes Eis serviert. Die Weinkarte listet die feinsten Eisacktaler Tropfen – aber nicht nur, auch andere Regionen sind gut vertreten.

ANSITZ HOHENHAUS

Das Dorfbild von Gufidaun wird unübersehbar geprägt von einem mächtigen, turmartigen Bau, dem „Hohen Haus", einstiger Gerichtssitz der Grafen von Wolkenstein. Der Ansitz mit mittelalterlichem Baukern wurde zwischen 1999 und 2001 von der Gemeinde aufwendig restauriert und dient nun als Mehrzweckgebäude. Es beherbergt die Dauerausstellung „Schatzkasten Erde" zur Archäologie in Gufidaun. Info: www.gufidaun.com

NACH FONTEKLAUS

Von Gufidaun geht der Wanderweg Nr. 6A durch Felder, Wald und über den Zickerbach leicht ansteigend bis nach Fonteklaus, einem ehemals herrschaftlichen Ansitz, der frei und aussichtsreich auf einer Wiesenterrasse liegt. Fonteklaus ist ein beliebtes Ausflugsgasthaus (Do. Ruhetag), für Hin- und Rückweg (150 Hm) sind rund 2 Stunden einzuplanen.

INFOS IN KÜRZE

Restaurant Turmwirt
Fam. Gasser
Gufidaun 50
39043 Klausen
Tel. 0472 844001
www.turmwirt-gufidaun.com

Ganzjährig von 10–14.30 Uhr und von 17.30–20.30 Uhr geöffnet, Do. ganztägig und Fr. bis 17.30 Uhr geschlossen.

Platz für insgesamt 38 Personen in zwei historischen getäfelten Stübchen, im Schankraum 15 Plätze, im Sommer im Gastgarten und vor dem Haus 32 Plätze, € €

44 UNTERWIRT, FELDTHURNS

Auf den sonnigen Hängen des Eisacktals im Südwesten Brixens breitet sich das Dorf Feldthurns aus. Dass sich hier gut wohnt, wussten bereits die Fürstbischöfe von Brixen, die sich mit Schloss Velthurns eine prächtige Sommerresidenz bauten. Zahlreiche Kastanienbäume, Obstanlagen und Reben prägen mit der etwas abseits des Dorfes stehenden Kirche das Ortsbild. Am Südostrand von Feldthurns liegt auch unser Ziel, der Unterwirt.

Das mittlerweile zu einem modernen Hotelkomplex umgebaute Dorfgasthaus hat eine traditionsreiche Vergangenheit. Laut einem historischen Dokument gab es in Feldthurns um 1611 einen Jakob Gasser als Unterwirt, später wurde das Wirtshaus auch unter den Namen „Untere Wirtsbehausung" und „Turmwirt" geführt – möglicherweise die Vorläufer des heutigen Gasthauses. Feststeht, dass an dieser Stelle das bereits 1747 erwähnte „Uelenhöfl" bzw. „Templgüetl" stand. Seit ungefähr 150 Jahren sind die Taubers die Besitzer des Anwesens, mittlerweile in der fünften Generation. Franz Tauber riss das baufällige Haus im Jahr 1960 ab und errichtete den neuen Unterwirt. 1973 erfolgte der erste große Umbau, 2006 kam es zur Gesamterneuerung. Heute präsentiert sich der Unterwirt als unkonventionelles, den Bedürfnissen der Hotelgäste angepasstes Haus, das zwar längst über die einfache Dorfwirtschaft hinausgewachsen ist, darüber aber nicht die herzliche Tiroler Gastfreundschaft vernachlässigt.

Die Küche verbindet auf gekonnte Weise traditionelle Südtiroler und im Besonderen Eisacktaler Gerichte mit der italienischen Esskultur. Franz Tauber ist geprüfter Sommelier, das spiegelt sich auf der umfangreichen Weinkarte wieder. Seine Leidenschaft für gutes Essen und erlesene Weine hat er zu einem Schwerpunkt beim Unterwirt gemacht. Neben dem Angebot auf der ansprechenden Speisekarte, die

den Jahreszeiten angepasst wird, gibt es regelmäßig kulinarische Wochen wie etwa eine „Vorspeisen- und Nudelwoche“, eine „Fischspezialitätenwoche“ oder die traditionelle „Eisacktaler-Kost-Woche“ mit einheimischen Gerichten. Der Herbst ist die Zeit des jungen Weines und der Kastanien.

SCHLOSS VELTHURNS

Besucher des Dorfes Feldthurns zieht das prächtige Renaissanceschloss Velthurns an, das unbedingt einen Besuch lohnt! Am östlichen Dorfrand in schönster Aussichtsposition gelegen, war es bis 1803 der Sommersitz der Bischöfe von Brixen. Erbaut wurde es Ende des 16. Jh. von Bischof Johann Thomas von Spaur. Sehenswert sind die Vertäfelungen, die Einlegearbeiten, die geschnitzten Portale und Holzdecken sowie die bemalten Kachelöfen und Fresken.

Dorf Nr. 1, Tel. 0472 855525, Anf. März bis Ende Nov. geöffnet. Führungen: Di.–So. 10, 11, 14.30 und 15.30 Uhr, Juli und Aug. auch 16.30 Uhr.

INFOS IN KÜRZE

Hotel Taubers Unterwirt ****
Fam. Tauber
Josef-Telser-Straße 2
39040 Feldthurns
Tel. 0472 855225
www.unterwirt.com

Mi. Ruhetag,
Nov. geschlossen.
In Stube und Restaurant bis zu 50 Plätze, Panoramaterrasse, Raucherräume, 35 Zimmer, 1.000 m² Wellnesslandschaft, €€

45 ⋮ ZUM STEINBOCK, VILLANDERS

Villanders liegt am sonnigen Westhang des Eisacktales. Eine breite Straße windet sich – an den letzten Weinbergen vorbei – in den Ort. Mitten im Dorf, in einer pittoresken Gasse, die schon den Maler Franz von Defregger zu einem Historienbild inspirierte, steht ein alter Ansitz: das Gasthaus zum Steinbock.

Der Ansitz zum Steinbock beherrscht das Dorfbild von Villanders. Er ist eines der kulturgeschichtlich bedeutendsten Gebäude des Ortes, wuchtig und doch harmonisch. Der Bau aus dem 13. Jh. war zunächst Stammsitz der Herren von Villanders zu Gravetsch, im 15. Jh. dann Sitz der Herren von Neuhaus sowie Gerichtssitz. Das Gebäude wurde im 17. Jh. erweitert und erhielt sein heutiges Erscheinungsbild. Bereits seit 1750 befand sich in den getäfelten Stuben ein Gasthaus. Die beeindruckenden Räume strahlen unverändert eine herrschaftliche Grandezza aus. Trotz mehrfachen Besitzerwechsels und eines Brandes Mitte des vorigen Jahrhunderts blieb der historische Bau in seiner Substanz erhalten. Seit 2002 ist der Steinbock im Besitz von Alois Rabensteiner und wird – mit sehr viel Gespür für die kulturhistorischen Werte des traditionsreichen Gebäudes – als Hotel und Restaurant geführt.

Das junge Team um den mehrfach ausgezeichneten Koch Alois Unterfrauner versteht es, Traditionelles und Modernes, Bodenständiges und Mediterranes raffiniert zu verbinden. Die oberste Maxime ist, die Ursprünglichkeit des Geschmacks zu bewahren und vor allem regionale Produkte zu verwenden. Vieles kommt aus der eigenen Landwirtschaft wie etwa das Angusrind oder das Lamm. Je nach Jahreszeit finden wir Köstlichkeiten wie Kressebandnudeln mit Lammragout und Brotkleeschaum oder Gamsrücken mit Kastanien-Nusskruste mit Kürbispüree und Speckgröstl auf der Karte. Beliebte Spezialitäten sind das Carpaccio vom Angusrind auf schwarzen Walnüssen, die Schüttelbrottortelli gefüllt mit Spanferkelwange auf Berglinsen oder der rosa gebratene Rehrücken mit schwarzplentenem Knödelsoufflé. Die Weinkarte mit den herausragendsten Südtiroler Weinen sowie großen italienischen und französischen Weinen wird von der Juniorchefin, Elisabeth Rabensteiner, betreut. Im Sommer lädt die Terrasse im Schutz dicker Mauern zu einem Essen mit Dolomitenblick ein.

FRANZ VON DEFREGGER

Der Osttiroler Bauernsohn Franz Defregger studierte Kunst in Innsbruck und München, gelangte dort zu hohen Ehren und war von 1878 bis 1910 Professor an der Kunstakademie. 1883 wurde ihm der Adelstitel verliehen. Berühmt sind seine Motive mit dramatischen Szenen aus dem Tiroler Volksaufstand des Jahres 1809. Für das Gemälde „Das letzte Aufgebot" diente die alte Dorfgasse von Villanders mit dem Steinbockhaus als Hintergrund. Auf dem Bild organisieren die Alten des Dorfes, bewaffnet mit Sense und Heugabeln, den letzten Widerstand.

INFOS IN KÜRZE

Restaurant Ansitz zum Steinbock ***
Alois Rabensteiner
Franz-von-Defregger-Gasse 14
39040 Villanders
Tel. 0472 843111
www.zumsteinbock.com

Mo. Ruhetag.
Rund 60 Plätze, 18 Komfortzimmer, darunter etliche Suiten, €€€

46 FINK, BRIXEN

Die Lauben, die für eine richtige Tiroler Stadt typischen bogenförmigen Arkadengänge, entwickelten sich einst im Schutz der Stadtmauern. Auch Brixen hat seine Lauben, sie sind L-förmig angelegt und öffnen sich in den sogenannten Kleinen Lauben zu einem der Traditionsgasthäuser Brixens hin, zum Fink.

1896 zog Johann Fink vom Ritten nach Brixen, kaufte das Haus Nr. 4 unter den Kleinen Lauben und ging dort seinem Beruf als Metzgermeister und Gastwirt nach. Sein Sohn Hans fand in seiner Ehefrau eine tüchtige Wirtin, sodass er selbst sich seinen beiden Leidenschaften, der Volkskunde und der Schriftstellerei, widmen konnte. Er brachte es darin zu großem Ansehen. Seinerzeit machte der Fund des Menhirs von Tötschling Schlagzeilen, heute ist er im Restaurant ausgestellt. Mittlerweile ist Florian aus der vierten Fink-Generation im Einsatz und wird tatkräftig von den Eltern Helmuth und Antonia unterstützt.

Frau Antonia Fink kombiniert für die Gäste in den ebenerdigen Räumlichkeiten mit alten Gewölben oder in der Menhir- und Eisacktalerstube im ersten Stock gekonnt Rezepte der bodenständigen Tiroler Küche mit italienischen Elementen. Das Ergebnis begeistert auch Gourmets: Carpaccio vom Selchkarree mit Berglinsen, Kastaniengnocchi auf Rahmspinat, Kartoffel-Teigtaschen mit Trüffel, geröstete Kalbsnierchen in Thymiansauce. Sohn Florian Fink, der auch eine Kochausbildung absolviert hat, empfiehlt als ausgebildeter Sommelier dazu die richtigen Weine. Auf der Karte steht eine Palette an hervorragenden Eisacktaler Weißweinen neben einer guten Auswahl bester Südtiroler Weine. In der Konditorei wird im Frühjahr traditionell das Osterbrot gebacken, im Sommer gibt es heiße Waffeln mit Erdbeeren, im Herbst ein Krapfen-Allerlei und im Winter kommt der Zelten-Klassiker aus dem Ofen. Zur Zeit des Weihnachtsmarktes duftet der Glühwein und hausgemachte Pralinen verwöhnen süße Gaumen.

DIE BRIXNER LAUBEN

Brixen blickt auf eine lange Geschichte zurück. Bereits vor zweieinhalb Jahrtausenden war der heutige Stadtteil Stufels besiedelt. Um 900 zogen die Bischöfe von Säben nach Brixen, und im 12. Jh. wurden die Stadtmauern, die den Kirchenbezirk und die Laubengassen umschlossen, fertiggestellt. In der Karwoche des Jahres 1444 legte ein verheerender Brand die Lauben in Schutt und Asche, weshalb die Brixner Laubenhäuser zum großen Teil aus dem späten Mittelalter stammen.

DER „WILDE MANN"

Am Hauseck des Nachbargebäudes vom Fink ist eine alte, geheimnisvolle Figur angebracht: der „Wilde Mann", dessen Funktion und Sinn mittlerweile niemand mehr kennt. Die Gestalt hat drei Köpfe, jeder Kopf blickt in eine der drei Gassen, die hier zusammentreffen.

INFOS IN KÜRZE

Restaurant Café
Konditorei Fink, Fam. Fink
Kleine Lauben 4
39042 Brixen
Tel. 0472 834883
www.restaurant-fink.it

Ganzjährig geöffnet, Ferien im Mai, Di. abends und Mi. Ruhetag.

Ebenerdig 50 Plätze, im ersten Stock 50 und 30 an Tischen in der Fußgängerzone,
€€€

47 FINSTERWIRT, BRIXEN

Im Herzen der Brixner Altstadt verbindet eine kurze, schmale Gasse die Kleinen Lauben mit dem Domplatz. Hier, in der Domgasse, befindet sich in einem der ältesten Häuser der Innenstadt ein geschichtsträchtiges Wirtshaus, der Finsterwirt.

Das Haus war einst im Besitz der Geistlichkeit und wurde bis 1743 von Domherren bewohnt. Dann wurde hier der Zehentwein, der als Abgabe von den Bauern angeliefert wurde, verkauft. Um die Nachtruhe zu wahren, musste die Kapitelschenke bei Einbruch der Dunkelheit schließen. Das Gezeche ging aber ohne Licht in der Finsternis munter weiter – so kam der Finsterwirt zu seinem Namen. 1779 verkaufte das Domkapitel das Haus, das in der Folge mehrmals den Besitzer wechselte. 1881 erwarb schließlich Anton Mayr den Finsterwirt: Sein kunstsinniger Sohn richtete das Künstlerstübele ein und verhalf dem Gasthaus und der Küche zu hohen Ehren. Viele namhafte Künstler jener Zeit hinterließen Gemälde, so von Defregger, Riß und Köster. Auch Prinzen, Prinzessinnen, Herzöge und Grafen kehrten gerne ein. Ab 1970 führten Maria und Hermann Mayr das Haus und eröffneten die ebenerdige Kapitelschenke mit Garten und Pergola (geöffnet von Ende Juli bis Mitte Oktober).

Nicht nur der geschichtsträchtigen Kulisse, sondern auch der bekannt guten Küche wegen wird der Finsterwirt immer wieder von Prominenz besucht, zu den Gästen zählten bereits die ehemaligen italienischen Staatspräsidenten Scalfaro und Ciampi, die Minister Frattini und La Loggia, Kardinal Ratzinger, der ehemalige hessische Ministerpräsident Roland Koch, der Dalai Lama und viele andere. Zur Auswahl steht ein Mix aus mediterranen und verfeinerten Südtiroler Speisen, aber auch einfache Bauerngerichte wie die Saure Suppe fehlen auf der Karte nicht. Gute und gesunde Produkte von den Bauern

der Umgebung werden bevorzugt, so kommen etwa Fleisch und Gemüse aus Barbian, das Lamm- bzw. Schaffleisch aus dem Villnößtal. Die Weinkarte listet fast 200 Etiketten, natürlich spielen die Südtiroler und insbesondere die Eisacktaler Weine eine Hauptrolle.

AUF ENTDECKUNGSTOUR DURCH BRIXEN

In Brixen kommen Kunstinteressierte auf ihre Kosten! Im Umkreis weniger Gehminuten entfaltet sich ein Konzentrat an Sehenswürdigkeiten ersten Ranges: das Diözesanmuseum in der Hofburg – der Residenzpalast der Fürstbischöfe –, der barocke Dom mit zwei Fassadentürmen und Fresken von Paul Troger sowie die Pfarrkirche St. Michael am Domplatz (der Kreuzgang ist ein großartiges Werk aus der Romanik mit gotischen Fresken), das Pharmaziemuseum in der Adlerbrückengasse, wo im Obergeschoss der Stadtapotheke modern und liebevoll die Geschichte der Pharmazie vom Mittelalter bis zur Neuzeit präsentiert wird. Gleichzeitig verführt die Altstadt mit den vielen Geschäften in den Gassen und schönen Laubengängen zum Shoppen.
Infos: Tourismusverein Brixen, Tel. 0472 836401, www.brixen.org.

INFOS IN KÜRZE

Restaurant Finsterwirt
Fam. Mayr
Domgasse 3
39042 Brixen
Tel. 0472 835343
www.finsterwirt.com

Ganzjährig geöffnet,
So. Abend und Mo.
Ruhetag.
100 Plätze in vier Stuben, 60 auf der Terrasse,
€€

48 POST REIFER, FRANZENSFESTE

Bei Franzensfeste rücken die dunklen, bewaldeten Talflanken des Eisacktales nah zusammen. An dieser natürlichen Engstelle ließ Kaiser Franz I. von Österreich vor knapp 180 Jahren eine gewaltige Festung bauen, die dem zeitgleich entstehenden Dorf den Namen gab. Hier liegt das Hotel Post Reifer, ein echtes Einkehrgasthaus am Weg.

Nicht lange nach Fertigstellung der Festung bestimmte der Bau der Brennerbahn das Leben des jungen Ortes: So entstand in Franzensfeste ein wichtiger Bahnhof, zweigte doch von hier die Nebenstrecke ins Pustertal ab. Die Familie Wild, die seit Generationen den Reiferhof bewirtschaftete, entschloss sich, ein Hotel zu errichten, den Gasthof Reifer mit eigener Metzgerei. Nach dem Ersten Weltkrieg entwickelte sich Franzensfeste durch die neue Brennergrenze zum Zentrum des Zoll- und Speditionswesens, in den Dorfstraßen pulsierte das Leben. Der Gasthof erhielt den Namen „Post", die Geschäfte gingen glänzend. Nach dem Abbau der EU-Binnengrenzen und dem Wegzug der Speditionsfirmen wurde es still in Franzensfeste. Die zivile Nutzung der Festung und der neue Brennerbasistunnel, dessen Südportal im Gemeindegebiet liegt, werden wohl für neuerlichen Aufschwung sorgen.

Dem Koch Rudi Oberhauser ist die regionale Küche ein besonderes Anliegen, das merkt der Gast am Speisenangebot: Auf der Karte stehen u. a. Kalbskopf, Gerstsuppe, Pressknödel in der Suppe. Außerdem gibt es köstliche Wildgerichte wie etwa Pappardelle mit Wildragout oder Hirschragout mit Polenta. Nomen est omen? Alle drei Brüder Wild sind leidenschaftliche Jäger, für Nachschub ist also gesorgt! In der warmen Jahreszeit werden frische Sommersalate serviert, für die Kleinen gibt es Kinderteller. Die Weinkarte ist angemessen, eine Hälfte

ist den Südtiroler Tropfen vorbehalten, die andere verschiedenen italienischen Weinen. Die offenen Tafelweine liefert die Terlaner Kellereigenossenschaft. Zum Haus gehört ein großer, schöner Biergarten mit mächtigen, über 100 Jahre alten Kastanienbäumen.

DIE FRANZENSFESTE

Franzensfeste hat durchaus Einmaliges zu bieten: Zuallererst sicher die gewaltige, fast Furcht einflößende Festungsanlage. Nachdem die napoleonischen Kriege gezeigt hatten, wie leicht feindliche Heere ins Herz Österreichs eindringen konnten, sicherten die habsburgischen Militärstrategen mit Sperren die Straßen. 1838 wurde die nach Kaiser Franz I. benannte Franzensfeste fertiggestellt. Der Bau verschlang die stattliche Summe von 2,6 Millionen Gulden, nach heutigem Wert rund 400 Millionen Euro. Jahrelang waren rund 6.200 Bauarbeiter beschäftigt – Brixen hatte zu jener Zeit weniger Einwohner als die in Franzensfeste arbeitenden Maurer, Steinmetze und Handlanger! Mittlerweile ist die Festung teilweise renoviert und zu besichtigen. Weiters ist ein Info-Zentrum für den Brennerbasistunnel geplant. Führungen nur im Sommer. Informationen unter www.oppidum.bz.it.

INFOS IN KÜRZE

Hotel Post Reifer ***
Fam. Wild
Bahnhofstr. 1
39045 Franzensfeste

Tel. 0472 458605
www.hotelpostreifer.it
Ganzjährig geöffnet, Mo. Ruhetag.

In mehreren Sälen bis zu 120 Plätze, 70 Plätze im Biergarten, 33 moderne Zimmer, Sauna, €

49 STAFLER, MAULS

Der mit seinen 1.374 m vergleichsweise niedrige Brennerpass ist wohl der bequemste Übergang über die Alpen, seit jeher nahm er einen intensiven Verkehrsstrom auf. So entfalteten sich vor Steigungen, wo ehemals zusätzliche Pferde angespannt werden mussten, oder an Verbindungspunkten ins Passeier- und ins Sarntal im Laufe der Zeit leistungsfähige Gastbetriebe. Einer davon ist der Stafler in Mauls, einer der größten und traditionsreichsten Fuhrwerksgasthöfe Südtirols.

Das Haus an der Brennerstraße wird bereits 1270 erwähnt, im Jahr 1567 scheint das Wirtshaus „Zum Einkhirn" (Einhorn) auf. 1792 heiratete Georg Staffler, Wirtssohn aus Klobenstein, die Tochter des damaligen Besitzers und übernahm die Führung des Gastbetriebs. Seit jener Zeit also besteht die Linie der Stafler, wie sich die Familie heute schreibt. Nun führen Gertrud Stafler und ihre Kinder das komfortable Hotel, das schon viele illustre Gäste wie etwa Luigi Cadorna (italienischer Generalstabschef im Ersten Weltkrieg) oder Feldmarschall Bernard L. Montgomery (Stratege im Zweiten Weltkrieg) beherbergte. Auch Staatsminister und Prominenz aus Theater, Film und Kunst wie beispielsweise Horst Tappert (Kommissar Derrick) zählten zu den Gästen.

Beim Stafler finden Sie zwei Restaurants unter einem Dach: Im „Romantik Restaurant" werden traditionelle Tiroler Gerichte mit internationalen Akzenten serviert, die Gourmetstube „Einhorn" ist Treffpunkt für verwöhnte Gaumen. Aus frischen Produkten der eigenen Landwirtschaft und aus Südtiroler Markenprodukten entstehen unter der Regie von Sterne- und Haubenkoch Peter Girtler wahre Köstlichkeiten: Kastaniensuppe mit Trüffelaroma, schwarzplentene Nudeltaschen mit Wirsing und Selchfleisch, geschmorte Schulter vom Villnößer Brillenschaf und Kastanienschupfnudeln. Für den süßen Ausklang sorgen vorzügliche Desserts wie das Topfenmousse oder das Granatapfelgelee. Die Weinkarte bietet neben exzellenten Südtiroler Tropfen auch Trentiner, Toskaner und Piemonteser Weine sowie hochpreisige „Supertuscans" verschiedener Jahrgänge.

TRANSITROUTE BRENNER

Seit der Antike ist der Transitverkehr der bestimmende Wirtschaftsfaktor der Region: Auf der Brennerstrecke verkehrten im Laufe der Jahrhunderte Fuhrleute, Rom- und Jerusalempilger, Könige und Kaiser, Kaufleute, Soldaten und später Kulturreisende und „Südenromantiker". Die Eröffnung der Bahnstrecke im Jahr 1867 bedeutete für so manchen Wirt, dessen Gasthaus plötzlich abseits der Strecke lag, den Ruin, gleichzeitig läutete sie aber auch eine neue Blütezeit für den Tourismus ein. Weitere Umwälzungen brachten der Bau der Autobahn und die Abschaffung der europäischen Binnengrenzen. Eine neue Seite in der Chronik des Transitverkehrs wird wohl der Brennerbasistunnel aufschlagen, dessen Baustellen südlich von Mauls das Landschaftsbild bereits heute mitbestimmen.

INFOS IN KÜRZE

Romantikhotel Stafler ****
Fam. Stafler
39040 Mauls/Freienfeld
Tel. 0472 771136
www.stafler.com,

Ganzjährig geöffnet, Mi. Ruhetag, ausgenommen Hauptsaison und Feiertage.
In den Speisesälen und historischen Stuben bis zu 100 Plätze, Hotel mit jeglichem Komfort, 35 Zimmer, Hallenbad, Spa-Abteilung mit Heubädern, Park, Tagungsräume, €€€

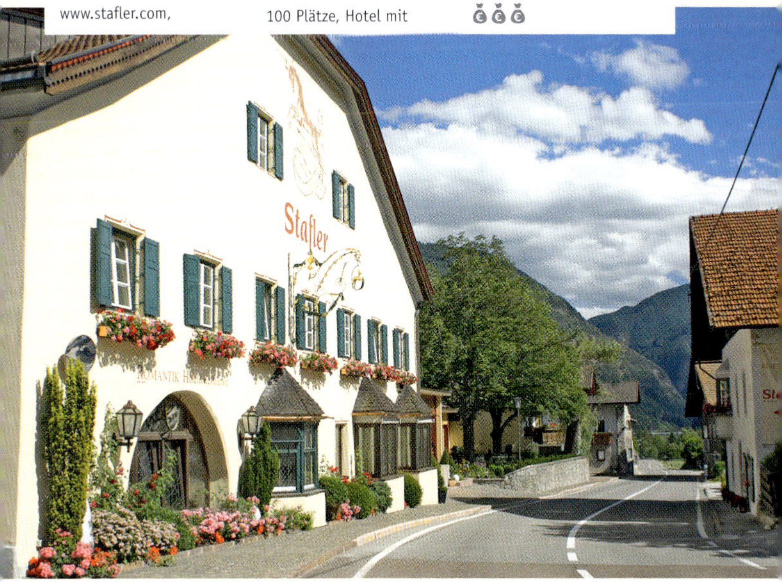

50 LILIE, STERZING

Nach einem verheerenden Brand im Jahr 1443 wurde die Hauptstraße von Sterzing, das damals eine reiche Bergbaustadt war, wieder aufgebaut und erstrahlte danach noch glanzvoller als vorher. Diese Straßenzeile ist mittlerweile 500 Jahre alt, trägt immer noch den Namen „Neustadt" und ist mit ihren prächtigen gotischen Bürgerhäusern eine der schönsten Straßen Südtirols. Das Hotel-Restaurant Lilie zählt zu den eindrucksvollsten denkmalgeschützten Bauten Sterzings.

Die Lilie, als Stadthaus bereits im 12. Jh. urkundlich erwähnt, ist von fünf Jahrhunderten Gastwirtschaft geprägt. In den Anfängen, 1461, wurden zwei Stadthäuser zusammengelegt und umgebaut. Ihre Blütezeit erlebte die Lilie um 1500, danach war mit dem Niedergang des Bergbaus auch die wirtschaftliche Lage Sterzings nicht mehr rosig. Zu der Zeit kam zum Gasthaus eine Landwirtschaft hinzu, im hinteren Gebäudeteil waren Stallungen und Futterhaus untergebracht. Schließlich wurde das Fuhrwesen für Sterzing immer wichtiger: So zogen etwa im Jahr 1657 innerhalb einer einzigen Woche im November 355 Wägen mit 1.441 Pferden durch Sterzing! Die Aufnahme der Fuhrleute und Gäste war eine wichtige Einnahmequelle, auch für die Lilie. 2002 wurde das Haus grundlegend saniert, in den prächtigen Gewölben fügen sich jetzt moderne Elemente harmonisch zu jenen der Vergangenheit.

Die Küche der Lilie ist die Wirkungsstätte des ambitionierten Chefkochs Lukas Sparber und seines jungen Teams. In den Stuben im Parterre werden traditionelle Südtiroler Speisen mit italienischem Einschlag aufgetragen, in den Sälen der oberen Stockwerke Gerichte für anspruchsvolle Gaumen. Je nach Jahreszeit gibt es thematische Schwerpunkte: Frühling in Sterzing, Eisacktaler Kost, Knödeltage,

Joghurttage oder Herbstfreuden. Die umfangreiche Weinkarte bietet Südtiroler Weine und gute Tropfen aus verschiedenen Anbauregionen Italiens. Das Dessertangebot aus der hauseigenen Konditorei lässt die Herzen der Naschkatzen höherschlagen: Neben hausgemachtem Eis und einer breiten Palette an hervorragenden Torten gibt es auch so Traditionelles wie Scheiterhaufen und Zwetschkenkuchen.

SEHENSWERTES STERZING

Bei einem Bummel durch Sterzings Altstadt gibt es viel zu entdecken: Gewölbe, blumengeschmückte Fenster, Erker, alte Wirtshausschilder, Toreinfassungen sowie schöne Geschäfte in der prächtigen verkehrsberuhigten Hauptstraße, welche durch den Zwölferturm mit dem charakteristischen Treppengiebel in Neu- und Altstadt geteilt wird. Bei freiem Eintritt sind in der gotischen Spitalskirche qualitätsvolle Fresken und im spätgotischen Rathaus antike Ausstellungsstücke zu sehen. Das Multscher-Museum und die Pfarrkirche, eine der größten Hallenkirchen Tirols, sind einzigartig.
Infos und Öffnungszeiten: Tourismusverein Sterzing,
Tel. 0472 765325, www.sterzing.com

INFOS IN KÜRZE

Hotel Restaurant
Lilie ****
Pächter Fam. Tatz
Neustadt 49
39049 Sterzing

Tel. 0472 760063
www.hotellilie.it
Ganzjährig geöffnet,
Mo. Ruhetag.

Im Erdgeschoss 40,
im ersten Stock 60 Plätze,
15 Zimmer und Suiten,
€€

51 ⋮ ZUM LEX, WIESEN/PFITSCH

Von den nordöstlich gelegenen hohen Grenzbergen zu Österreich kommend, mündet das Pfitschtal in das Sterzinger Talbecken. Im äußersten Abschnitt des 36 km langen Tales liegt die Ortschaft Wiesen, bis 1931 eine eigene Gemeinde, nun in Pfitsch eingemeindet. In der Ortsmitte, bei der Kirche, steht das Gasthaus zum Lex.

Der Lexhof kann auf eine lange Geschichte zurückblicken, bereits im 12. Jh. wird er als Lehenshof der Pfarre Stilfes erwähnt. Die Bauern am Hof sind seit jeher Mesner in der nahen Kirche – eine Tradition, auf die Antonia Walter, die Seniorchefin, mit Stolz verweist: In einer über 500 Jahre alten Urkunde, in der es um einen Disput über Abgaben an die Pfarre Stilfes geht, ist bereits vom Mesnerdienst die Rede. Der Name Lex soll auf einen um 1600 erwähnten Wolfgang Lex zurückgehen. Mittlerweile ist die Familie Walter in der zehnten Generation im Haus und führt Landwirtschaft und Gastbetrieb. Dass im Haus Tradition hochgehalten wird, zeigt sich schon beim Betreten der Räume. Im Flur stehen Vitrinen mit wertvollen Antiquitäten, zum Großteil aus eigenem Besitz. Die alten Gewehre, die zu sehen sind, wurden bei einem Umbau unter den Bodenbrettern entdeckt, renoviert und anschließend ausgestellt. In der Ecke über dem Stubentisch hängt ein alter bemalter Hausaltar.

Im Lexhof steht Antonia Walter selbst am Herd, ihre Schwiegertochter Martina kümmert sich um den Service. Sie bieten ihren Gästen bodenständige, ländliche Bauernkost ohne Schnörkel: hausgemachte Schlutzkrapfen, herrlich lockere Knödel mit Speck, Käse, Spinat oder Leber, selbst gemachte gekochte Hauswurst mit Sauerkraut vom eigenen „Kobis" (Weißkohl). Auch andere Produkte wie Fleisch, Speck, Kartoffeln, Gemüse und Kräuter kommen aus eigener Erzeugung. Die italienischen Gäste kommen der Gerstsuppe, der Wiener Schnitzel oder der Röstkartoffel wegen von weit her. Die Kellereigenossenschaft St. Michael/Eppan liefert die Weine: einen offenen Vernatsch und drei Flaschenweine. „Das reicht", meint Martina, „das passt zu unserem einfachen Haus!"

HOCHTAL, BURG UND WASSERTRETEN

Von Wiesen aus bietet sich ein Ausflug auf guter Autostraße ins ursprüngliche Pfitschtal an. Nach der Überwindung einer Talstufe öffnet sich ein weites, ebenes Hochtal inmitten wilder Berglandschaft. Ein lohnendes kurzes Ausflugsziel ist auch die Burg Sprechenstein mit tollem Ausblick über das Eisacktal. Der runde Bergfried – die Rundform ist in Südtirol selten zu finden – wird um 1241 erwähnt, der Palas geht auf das 16. Jh. zurück. (Keine Besichtigung!) Ab Wiesen (Ortsmitte) Weg Nr. 24 und Nr. 24A, 45 min, 170 Hm.
Oder wie wär's mit durchblutungsförderndem Wassertreten in der Kneippanlage, die in unmittelbarer Nähe vom Lex in der Sportzone liegt und frei zugänglich ist? (Hinweisschilder „Freizeitpark").

INFOS IN KÜRZE

Gasthof zum Lex
Fam. Walter
Wiesen 104
39040 Wiesen/Pfitsch
Tel. 0472 764039

Im Okt. geschlossen, Di. Ruhetag,.
40 Plätze in zwei Gaststuben, im Sommer 30 Plätze an Holztischen im Freien,

52 PFARRGASTHOF, PFLERSCH

Bei Gossensass zweigt das noch sehr ursprüngliche Pflerschtal nach Westen ab; der Talgrund ist von Wiesen bedeckt und wird von mächtigen Bergen flankiert, von denen etliche auch im Sommer Eiskappen tragen. Kurz vor dem Talschluss, in einer Verbreiterung, liegt der kleine Weiler St. Anton. Um die Kirche gruppieren sich wenige Häuser und der Pfarrgasthof.

Das Pflerschtal ist kein Durchgangstal, es führt nur eine Stichstraße dorthin. Vor dem Aufblühen des Tourismus bestand daher keine Notwendigkeit, ein Gasthaus zu führen – wer sollte schon einkehren? Nachdem der geistliche Kooperator von Sterzing bei seinen Visitationen das Pferd immer bei einem Bauern unterstellen musste, entschloss sich die Pfarrgemeinde im Jahr 1738, eine „geistliche Wohnung" zu errichten. Da es im Tal kein Wirtshaus gab, wurde es zur Gewohnheit, dass der Geistliche den Leuten nach dem Gottesdienst dort ein Gläschen Wein ausschenkte. 1887 kam es unter Pfarrer Mantinger zur Erweiterung des Widums, und die Wirtschaft erlebte der vielen Touristen wegen plötzlich einen ungeahnten Aufschwung. So wurde das Gasthaus für den Pfarrer und seine Nachfolger zur Haupteinnahmequelle. Ein Teil des Gemüsegartens wich einem Schankgarten, die neu erbauten Gästezimmer waren immer gut belegt, der Pfarrer hielt auch ein Pferd und kutschierte die Gäste selbst ins Tal. Nach dem Ersten Weltkrieg blieben die Touristen aus, zeitweise wurden Alpini-Soldaten einquartiert. Die Behörden entzogen dem Pfarrer die Schankerlaubnis, worauf er sich 1937 in einem Schreiben an Mussolini persönlich wandte, der ihm am 6. August die Genehmigung wieder erteilte. Das Gasthaus wurde bis 1973 von der Geistlichkeit geführt und dann verpachtet, seit 1993 leitet Marlinde Stampfer mit ihrer Familie den immer gut besuchten Gastbetrieb.

Jeden Mittag herrscht im Pfarrgasthof Hochbetrieb, wenn Frau Marlinde für die einkehrenden Arbeiter den Mittagstisch bereitet. An den Wochenenden im Winter werden Skitourengeher und Rodler, im Sommer Wanderer und Bergsteiger verköstigt. Es gibt einfache Tiroler Kost: Neben allerlei Knödeln kommen auch Lammbraten, Wild und Schweinshaxen auf den Tisch. Gebratene Forellen runden das Angebot ab. Das Fleisch liefern die Bauern der Umgebung, der Sohn des Hauses fertigt Speck und Würste an, Jäger liefern das Wild. Dazu gibt es eine kleine Auswahl an Flaschenweinen.

DOLOMIEU

1788 entdeckte der französische Mineraloge Dolomieu – mit ganzem Namen: Déodat Guy Sylvain Tancrède Gratet de Dolomieu – in der Region um den Tribulaun ein dem Kalk ähnliches weiß-graues Gestein. Noch im selben Jahr ließ er einige Proben davon untersuchen und fand heraus, dass es sich um eine Kalzium-Magnesium-Karbonatverbindung handelt, die im Gegensatz zu anderen Kalkgesteinen bei Säureeinwirkung kein Gas entwickelt. Das Gestein wurde 1792 nach seinem Entdecker „Dolomit" benannt.

INFOS IN KÜRZE

Pfarrgasthof *
Fam. Stampfer
Innerpflersch 169
39041 Gossensass
Tel. 0472 770077

Mo. Nachmittag geschlossen.
In der Stube rund 30, im Speisesaal 45 Plätze, 11 einfache Zimmer, €

53 ZUR LINDE, MÜHLBACH

Mühlbach, das sich an die sonnigen Terrassenhänge von Meransen und Spinges schmiegt, gilt als das Tor zum Pustertal. Seinen Namen hat der einst durch Mauern befestigte Marktflecken vom Valler Bach, der den Ort durchrauscht und ehemals Mühlen, Sägewerke und die Schmiede betrieb. Durch die Umfahrungsstraße, die den Durchzugsverkehr abhält, ist eine beschauliche Ruhe in das stattliche Dorf eingekehrt. An der alten Hauptstraße liegt unser Ziel, der Gasthof zur Linde.

Bereits 1419 gibt es in Mühlbach einen „New Wirt", der dem Kloster Neustift zinst, etwas später werden das Linderische Gut mit einer „Wirtstafern" (Gasthaus) und ein Hainrich Lyndner erwähnt – der Name bezieht sich also nicht auf den Lindenbaum, sondern auf einen der damaligen Besitzer. Fast 300 Jahre lang betrieb die Familie Atzwanger den Hof und das Gasthaus „Zum Atzwanger", bis es 1899 durch Kauf an die Familie Steger ging, die es heute noch in der fünften Generation unter dem ursprünglichen Namen „Linde" führt. Von der alten Landstraße aus liegen die Gaststuben im ersten Stock, im Schankraum hielten sich die Bauern und einfachen Leute auf, in der Herrenstube, die schön getäfelt ist, die bessere Gesellschaft: Geistliche, Kaufleute, der Lehrer, betuchte Handwerker. Dort hängt auch immer noch ein bronzenes Zunftwappen der Müller und Bäcker von 1749. Trotz Um- und Zubauten verströmt der Gasthof zur Linde den Charme eines traditionsreichen Dorfwirtshauses, wo Einheimische gern zu einem Plausch einkehren, Arbeiter einen schnellen, preiswerten und üppigen Mittagstisch vorfinden und Liebhaber guter Tiroler Kost voll auf ihre Kosten kommen.

Neben Rudi und Hilda Steger tritt Sohn Hannes, Jahrgang 1983, gelernter Koch und Konditor, immer mehr in den Vordergrund. Die Speisekarte ist knapp aber aussagekräftig: Bauerntris, Hirsch-

medaillons mit Speckkartoffeln und Pfifferlingen, Südtiroler Käsevariationen, Brettljause für zwei Personen, Knödel mit Pfifferlingen und Krautsalat, Polenta mit Pilzen. Zum Abschluss gibt es köstliche Kuchen und Torten – der Konditormeister lässt grüßen! Für ein Landgasthaus ist die Auswahl an Qualitätsweinen, die glasweise serviert werden, beachtlich: Kalterersee, St. Magdalener, Weißburgunder, Gewürztraminer, Lagrein, Merlot aus dem Veneto, Prosecco. Die Südtiroler Flaschenweine werden zum Großteil von der Kellerei Bozen geliefert, eine Besonderheit ist der „Rubus“, ein Biowein vom Santerhof in Mühlbach, herangereift in den nördlichsten Weinbergen Südtirols.

MÜHLBACH

Der Ort Mühlbach hat historische Bedeutung: Ab 1271 verlief hier die Grenze zwischen der Grafschaft Tirol und jener von Görz. Nach dem Erlöschen des Grafengeschlechts der Görzer kam das Pustertal 1501 zu Tirol und wurde so dem Habsburgerreich einverleibt. Die restaurierten und sanierten Ruinen der wehrhaften befestigten Grenzstation und Zolleinhebungsstelle erinnern daran. Zu besichtigen von Juni bis Sept.: Do. 09–12 und 14–18 Uhr.

INFOS IN KÜRZE

Gasthof zur Linde **
Fam. Steger
Katharina-Lanz-Str. 80
39037 Mühlbach
Tel. 0472 849733
www.zur-linde.it

Ganzjährig geöffnet,
Sa. Nachmittag und
So. Ruhetag.
In den verschiedenen
Stuben und Sälen 100 Plätze,
34 Gästezimmer,

54 GASSENWIRT, KIENS

Kiens ist ein großer Ort im unteren Pustertal, der sich am Ufer der Rienz zwischen grünen Wiesen und Wäldern in einer sonnigen Mulde des dahinter liegenden Mittelgebirges ausbreitet. In der Nähe der Kirche, an der Dorfstraße, die nach Issing und Pfalzen führt, hat sich der Gassenwirt vom alten Dorfgasthaus zum Hotel entwickelt.

Für die Einheimischen aus dem Dorf ist der Gassenwirt immer noch der Kirchenwirt geblieben, bei dem gerne Taufen oder Hochzeiten gefeiert werden. Die Wurzeln des Gasthauses reichen bis ins Jahr 1602 zurück, wovon auch die alten Gewölbe und die in Granit gefassten Türlaibungen zeugen. Im Jahr 1923 machte die Ersteigerung des Hauses durch Anton Falkensteiner, einem der Vorfahren der jetzigen Gastwirtsfamilie, Schlagzeilen: Fünfzig Bieter hatten den Ausrufungspreis in schwindelerregende Höhen getrieben – es schien nicht mit rechten Dingen zuzugehen, dass so kurz nach dem Ersten Weltkrieg solche Mittel verfügbar waren. Heute präsentiert sich der Gassenwirt nach mehrmaligen Umbauten und Erweiterungen als modernes Hotel und Gasthaus, das sich in der Küche der Südtiroler Tradition verpflichtet fühlt.

Eine Spezialität des Hauses sind die Pressknödel, die flach gepresst in der Pfanne angebraten und anschließend in Salzwasser gekocht werden, wodurch der Graukäse im Knödelteig feine Röstaromen entwickelt und etwas von seinem starken Geschmack verliert. Anschließend werden sie in der Suppe oder auch zum Salat, am besten Speck-Krautsalat, gegessen. Der gute Ruf der Pressknödel scheint weit zu reichen: Die beiden Südtiroler Performancekünstler „ARTbrothers kraxentrouga" haben in einer ihrer skurrilen Aktionen die Pressknödel des Gassenwirtes zu Kunstwerken erklärt! Ein Renner sind auch das Knödeltris, das in Wirklichkeit aus vier verschiedenen Knödeln besteht, und die Pusterer Schlutzer (Schlutzkrapfen), die mit Kartoffeln und „Tschotte" (Quark), gefüllt sind. Italienische Gäste essen gern Bandnudeln mit einheimischen Steinpilzen oder mit Pfifferlingen gefüllte Kartoffelteigtaschen.

KRÄUTERGARTEN UND LATSCHENÖLBRENNEREI „BERGILA“

Wenige Kilometer von Kiens entfernt gewährt ein Kräutergarten einen unmittelbaren Einblick in die Schätze der Natur: Am Ufer des Issinger Weihers (Badebetrieb, Eintritt) betreibt die Familie Niederkofler bereits in dritter Generation eine Latschenölbrennerei. Die Destillation und den Kräuteranbau können Sie bei den kostenlosen Führungen mit allen Sinnen erleben.
Der bunt blühende Kräutergarten ist im Juni/Juli am schönsten.
Geöffnet: Mai–Ende Okt.: Mo–Fr 8–12 und 13–18 Uhr;
Mitte Juli–Ende Aug. auch Sa und So, Weiherplatz 8,
39030 Issing/Pfalzen, Tel. 0474 565373, www.bergila.it

INFOS IN KÜRZE

Genießer-Hotel
Gassenwirt ***
Fam. Falkensteiner
Dorfweg 42 - 39030 Kiens
Tel. 0474 565389
www.gassenwirt.com

Kein Ruhetag,
im Nov. geschlossen.
In der gemütlichen Bar, der Stube und im Speisesaal 90 Sitzplätze, im Sommer einige Tische im Garten,
35 ruhige und komfortable Zimmer, Wohlfühlabteilung,

55 DASSER, ST. MARTIN IN THURN

Im Herzen des Gadertales liegt St. Martin in Thurn. Nach der Enge des ersten Abschnittes weitet sich das Tal, Wiesen breiten sich aus und öffnen einen ersten Blick auf die atemberaubende Kulisse der Dolomiten. Auf einer Anhöhe thront das Schloss Thurn, neben der Kirche liegt der altehrwürdige Gasthof Dasser.

Das Gasthaus geht in seinen Ursprüngen auf das Jahr 1560 zurück und ist ein schönes Beispiel altladinischer Baukultur. Charakteristisch am Gebäude sind die Gewölbe, die getäfelten Stuben im ersten Stockwerk, der Eckerker, die Korbgitter an den Fenstern und das breite Walmdach, das Gemütlichkeit und Geborgenheit ausstrahlt. Die Herrenzimmer in den oberen Stockwerken dienten nicht nur als Aufenthaltsraum für die besseren Gäste, dort wurden vom Pfleger, dem Verwalter des nahen Gerichtes, auch die Amtsgeschäfte getätigt. Der Dasser war seit jeher ein Gastbetrieb. Den Namen hat das Haus von Tone Dasser, der von 1757 bis 1762 Pfleger des Gerichtes Thurn an der Gader war. Mittlerweile wird das zum Hotel umgebaute Gasthaus seit über 300 Jahren von der Familie Trebo geführt.

Seit seinen Anfängen ist der Dasser der Kirchenwirt, wo Tradition gepflegt wird, ohne dass deshalb Qualität und Komfort zu kurz kommen. Zur typischen einheimischen Küche mit ladinischen Spezialitäten wie Tutres (Tirtlan) und Cajincì, den Knödeln mit Pfifferlingen, gesellen sich Gerichte aus der internationalen Küche. Der Speck ist aus eigener Herstellung – es gibt einen eigenen Speckkeller, die Selche wird bei einem Bauern in Campill eingerichtet. Zu den traditionellen Gerichten zählen auch die Gerstsuppe sowie die Schweins- und die Kalbshaxe. Als Dessert werden die Marillen- und Zwetschkenknödel oder die Apfelkiechln mit Vanilleeis sehr geschätzt. All dies wird begleitet von einer guten Auswahl an Weinen, vorwiegend Südtiroler Etiketten. Für gemütliche Weinverkostungen mit einer Speckmarende steht ein eigenes Kellerlokal zur Verfügung.

EINE STREITBARE ÄBTISSIN

Im Mittelalter unterstand die rechte Seite des Gadertales dem Benediktinerinnenkloster Sonnenburg, die linke Talseite dem Bischof von Brixen, Nikolaus Cusanus, dessen Verwalter auf Schloss Thurn saß. Zwischen dem Fürstbischof und der Äbtissin der Sonnenburg, Verena von Stuben, die sich den Reformbestrebungen Cusanus' widersetzte, kam es zwischen 1452 und 1458 immer wieder zu Auseinandersetzungen, die zum Teil sogar bewaffnet ausgetragen wurden. Am Ende trat die Äbtissin zurück, der Bischof dankte ab und ging nach Rom. Mehr darüber wird im Schloss Thurn berichtet.

Museum Ladin Ciastel de Tor, Torstraße 65, Öffnungszeiten: 26. Dez.–9. Jan. tägl. 14–18 Uhr, 12. Jan.–Ostern Mi.–Fr. 14–18 Uhr, Ostern–31. Okt. Di.–Sa. 10–18 Uhr, So. 14–18 Uhr, Juli, August: auch Mo. 10–18 Uhr. Info: www.museumladin.it

INFOS IN KÜRZE

Gasthof Dasser
Fam. Trebo
39030 St. Martin in Thurn
Tel. 0474 523120
www.dasser.it

Ganzjährig geöffnet, die letzten beiden Wochen im Juni, zwei Wochen im Oktober sowie vom 10. bis 26. Dez. geschlossen, So. Abend und Mo. Ruhetag.

In den Stuben und im Wintergarten bis zu 60 Plätze, vor dem Haus 20 Plätze, 16 Zimmer, €€

56 ⁝ PIDER, WENGEN

Der Ort Wengen im Gadertal hat eine interessante Geschichte, denn mit seiner Bevölkerung wanderten auch Kirche und Kirchengasthaus plötzlich dem Talgrund zu. Der Gasthof Pider, der heute den „neuen" Dorfkern schmückt, pflegt seinen jahrhundertealten guten Ruf.

Die Geschichte des Gasthauses hängt eng mit der Dorfgeschichte von Wengen zusammen. In der zweiten Hälfte des 19. Jh. wurden immer mehr Häuser in der Nähe des Talbodens errichtet, sodass die Gemeindeverwaltung beschloss, das Dorfzentrum von Alt-Wengen ebenfalls hangabwärts zu verlegen. So fand auch das Kirchengasthaus Pider im Jahr 1874 seinen neuen Standort neben der ebenfalls neu erbauten Kirche. Die Gaststätte ist seit vielen Generationen in Familienbesitz – einst Pider, heute Rubatscher. Angela Pider, die Großmutter des Wirtes, hatte drei Brüder, die sich alle für den Priesterberuf entschieden. So übernahm sie das Gasthaus. Nun wachsen bereits die Kinder von Markus Rubatscher, Jahrgang 1970, als 5. Generation des Gastbetriebs heran. Das Wirtshaus, das vor dem 1. Weltkrieg noch über einen Schießstand und bis in die 1960er-Jahre auch über eine Kegelbahn verfügte, ist heute ein moderner Hotelbetrieb mit komfortablen Zimmern und einer Wellnessabteilung. Die Kegelbahn ist nun automatisch, und im wappenverzierten Schankraum findet sich die Dorfbevölkerung immer noch gern zum gemütlichen Beisammensein ein.

Auf einheimische Gerichte wird großer Wert gelegt, so finden sich auf der Speisekarte hausgemachte Schlutzkrapfen, Gerstsuppe, Kas- und Spinatnocken, Schüttelbrot-Tagliatelle sowie Ravioli aus Boxelemehl (gemahlenes Johannisbrot) – auf Bestellung werden auch die typischen Tirtlan gebacken. Im Sommer gibt es ein ladinisches Menü, bei dem das Hirschgulasch zum Hauptgang serviert wird, als Nachspeise werden Nigelen (in Schmalz gebackene Hefebällchen) mit Glühwein gereicht. Weinkenner werden sich an der Weinkarte mit den detaillierten Beschreibungen der 60 verschiedenen Etiketten erfreuen, die meisten davon kommen aus Südtirol.

DER ALTE GLOCKENTURM VON WENGEN

Die Erwähnung der ersten Kirche von Wengen geht auf das Jahr 1382 zurück. Der Bevölkerungszuwachs machte jedoch den Bau eines neuen Gebäudes erforderlich. Die heute in der Dorfmitte gelegene Pfarrkirche wurde in nur wenigen Jahren errichtet (1868–1874). Die ursprüngliche Kirche blieb dem Zerfall überlassen und wurde schließlich 1935 abgerissen, mit Ausnahme des aus dem 14. Jh. stammenden Glockenturms. Der Bauer, dem der Grund neben der alten Kirche gehörte, wehrte sich gegen den Abriss des Turmes – jedoch nicht aus einem denkmalschützerischen Gedanken heraus, sondern weil er Angst hatte, dass der Schutt die Wiesen und somit die Heuernte ruinieren könnte. Ihm ist es also zu verdanken, dass der schlanke gotische Glockenturm noch erhalten ist. Mittlerweile wurde im Erdgeschoss des Turmes eine Ausstellung zur Kirchengeschichte eingerichtet, ein Spazierweg führt zum aussichtsreichen Kirchhügel.

INFOS IN KÜRZE

Hotel Pider ***S
Fam. Rubatscher
Str. San Senese 22
39030 Wengen
Tel. 0471 843129
www.pider.info

Mo. Ruhetag.
26 Zimmer,
30 Plätze,

57 WEISSES LAMM, BRUNECK

Bruneck ist mit seinen 15.000 Einwohnern unbestritten das Herz des Pustertales und zugleich Wirtschafts-, Verwaltungs- und Schulzentrum. Der schöne historische Stadtkern mit dem Schloss, das auf einem Hügel über der Stadt thront, ist von einer modernen Handels- und Gewerbezone umgeben. Vom Vorort Reischach starten die Aufstiegsanlagen zum Kronplatz, Südtirols Skiberg Nr. 1. Am Ostrand der Altstadt liegt der traditionsreiche Gasthof Weißes Lamm.

Im Mittelalter hatten Reisende, die zu später Stunde vor den verschlossenen Stadttoren Brunecks standen, wohl ihre liebe Mühe, eine sichere Unterkunft zu finden. Schließlich erwarb Caspar Huber im Jahr 1540 vor der Stadtmauer ein Haus und richtete darin eine Gastwirtschaft ein. Seit jener Zeit wechselten die Besitzer und öfter auch die Namen. Letztlich ist das Wirtshaus als „Weißes Lamm" eine Brunecker Institution geworden. Einer der Vorbesitzer war der Ideengeber zum „Künstlerstübele": Im 19. Jh. lud er bekannte Künstler ein und bat sie um ihre Werke. So stifteten Franz von Defregger, Albin Egger-Lienz und andere jene Bilder, welche die Gaststube im ersten Stock schmücken.

Mit 24 Jahren hat Werner Piffrader, ein waschechter Brunecker, nach Lehrjahren in der Post in Bruneck und Praxis in guten Häusern das Lokal übernommen und führt es seither mit Elan. Großen Wert legt er auf eine traditionelle, regionale und saisonale Küche: Das beginnt mit der Sauren Suppe oder der Weinsuppe, hausgemachten Blutnudeln mit Butter und Parmesan, Pressknödeln, Schlutzkrapfen und geht über die geschmorte Ochsenwange, dem Bauernschöpsernen und dem Selchschopf mit Kraut hin zum Kastanienreis, den Brandteigkrapfen auf heißen Schwarzbeeren und den Zwetschkenknödeln. Am Mittwoch ist „Tirtl"-Tag, da stehen gebackene Teigtaschen mit einer Füllung aus Kraut, Kartoffeln,

Topfen oder Spinat im Mittelpunkt. Das Gröstl ist immer auf der Karte: Bratkartoffeln, gemischt mit fein geschnittenem gekochtem Rindfleisch, mit Majoran, Knoblauch, Lorbeer und Bratensaft abgeschmeckt. Bei der Verdauung hilft dann einer der selbst angesetzten Schnäpse. Klar, dass für solche Leckereien die Gäste von weit her kommen! Die Weinkarte ist mit einer guten Auswahl an Südtiroler Tropfen, viele davon sind auch glasweise erhältlich, dem Stil des Hauses angepasst.

MMM RIPA

Bruneck wurde nach dem Fürstbischof von Brixen, Bruno von Bullenstätten und Kirchberg, benannt, der um 1250 Stadt und Schloss gründete. Das Schloss steht prächtig in einem parkähnlichen Gelände. Nach der Renovierung hat Reinhold Messner hier vor Kurzem das fünfte und momentan letzte der Messner-Mountain-Museen eröffnet. Unter dem Namen Ripa berichtet es von den verschiedenen Bergvölkern der Welt und zeigt Exponate aus der Alltagskultur der Sherpas, Indios, Tibeter, Walser, Mongolen, Hunza u. a. MMM Ripa, Schlossweg 2, 39031 Bruneck, Tel. 0471 631264, www.messner-mountain-museum.it

INFOS IN KÜRZE

Gasthof Weißes Lamm
Werner Piffrader
Stuckstraße 5
39031 Bruneck
Tel. 0474 411350

Ganzjährig geöffnet, So. Ruhetag.
In den zwei Stuben und dem Schankraum – alle im ersten Stock – bis zu 50 Plätze,

58 KOHLGRUBE – GOLLA, MÜHLEN

Im breiten Talboden des Tauferer Tals biegt gegen Westen das Mühlwaldtal ab. Am Eingang dieses Seitentals liegt Mühlen, eine Fraktion der Gemeinde Sand in Taufers. In der Nähe des Kirchplatzes, von der neuen Straße etwas zurückversetzt, steht der Gasthof Kohlgrube oder – wie ihn die Einheimischen nennen – der „Golla".

Der aus dem Mühlwaldtal kommende Bach trieb neben Sägen, Mühlen und Stampfen auch Hammerschmieden an. Diese Schmiedewerkstätten benötigten viel Holzkohle, der Name Kohlgrube ist darauf zurückzuführen. Bereits um 1698 wird ein Zacharias Mayr, „Bäck (Bäcker), Oberkohlgruber" erwähnt. Schon seit Generationen ist der Gasthof Kohlgrube, jetzt besser bekannt als „Golla", ein beliebter Treffpunkt in Mühlen in Taufers. Um 1900 war die (Unter)Kohlgrube neben der Oberkohlgrube, der Unterlucke und dem Schöfflmair eines der vier Gasthäuser im Dorf. Im Jahr 2008 wurde das Haus komplett renoviert, wobei der urige, bodenständige Charakter des Gebäudes erhalten blieb. Unter anderem wurden die Täfelung in der Gaststube sowie die Gewölbe im Hausgang (jetzt Raucherraum) bewahrt. Auch die Webadresse hat Lokalkolorit: „ollazingolla" bedeutet so viel wie „Alle zum Golla!". In den Tourismusregionen bevorzugen viele Gäste mittlerweile Halbpension – tagsüber wird Ski gefahren oder gewandert –, so bietet kaum ein Hotelier einen Mittagstisch an. Davon profitiert der „Golla", der viele Touristen aus der Gegend bewirtet. In den schönen hellen Stuben ist viel Platz, sodass auch die Einheimischen ihre Familienfeiern oder Firmenessen gerne hierher verlegen.

Das Gasthaus bietet einfache, traditionelle Tiroler Küche, von den Knödeln mit Gulasch bis hin zur Schweinshaxe und dem Bauerngröstl. Mittags herrscht Hochbetrieb, da kommen viele Arbeiter und verdrücken schnell ein Tagesmenü. Dies sollte einfach, gesund, üppig und preiswert sein ... und das ist es hier! Zu den Speisen werden vorwiegend Südtiroler Rot- und Weißweine serviert: St. Magdalener, Lagrein und Valpolicella sowie Chardonnay und Weißburgunder gibt es sowohl flaschen- als auch glasweise. Der Schankwein ist ein Vernatsch.

WASSERKRAFT IN MÜHLEN

Der wirtschaftliche Aufschwung des Tauferer Ahrntals wurde durch die Kraft des Wassers begünstigt. Über Jahrhunderte betrieben die Bauern mit dem Wasser der Wiere, einem künstlichen Kanal des Talbaches, ihre Kornmühlen, Lodenstampfen, Hammerschmieden und Sägewerke, später kamen Elektrizitätswerke dazu. Josef Beikircher, ein Pionier des frühindustriellen Aufschwungs, erzeugte bereits 1893 in seinem Mühlener Kleinkraftwerk elektrischen Strom. Die Wasserkraft wird heute immer noch für mehrere kleine private E-Werke verwendet. Das große E-Werk, das sich am westlichen Ortsrand von Mühlen befindet, wird hingegen mit dem Wasser aus dem Neves-Stausee betrieben.

INFOS IN KÜRZE

Gasthof Kohlgrube Golla
Manfred Rier, Kirchgasse 12
39032 Mühlen/Sand in Taufers
Tel. 348 0444126
www.ollazingolla.com

Ganzjährig geöffnet, Mo. Ruhetag.

In den zwei Stuben bis zu 60 Plätze, vor dem Haus etliche Tische unter Sonnenschirmen, Raucherraum, Sa., So. und abends Vorbestellung erwünscht,

59 SPANGLWIRT, SAND IN TAUFERS

Von Bruneck zieht sich das Tauferer Tal nach Norden hin und öffnet sich bei Sand, von der stattlichen Burg Taufers bewacht, zu einem weiten Kessel. Sand in Taufers ist das wirtschaftliche Zentrum des Tales. Wo die Straße ins enge Ahrntal anzusteigen beginnt, liegt der Traditionsgasthof Spanglwirt.

Die Wurzeln des Spanglwirts reichen bis ins 16. Jh. zurück, als ein „Kaspar Spängler, Spanglerwirt" genannt wird. Das Wappen des Wirtshauses zeigt zwei aufsteigende Löwen, welche eine Traube in den Tatzen halten – möglicherweise eine Anspielung auf den Wirtsberuf und den Weinhandel: Aus dem Salzburgischen wurde Salz importiert und Wein dorthin exportiert. Die Spänglers etablierten sich in verschiedenen Bereichen: Ein gewisser Georg Spängler als Verwalter der Bergwerke und Güter der Freiherren von Sternbach, Giovanni Spangler als Kaufmann in Venedig sowie weitere Familienmitglieder als Tuchhändler, Bürgermeister und als Bankiers in Salzburg. Das renommierte Bankhaus Spängler geht also auf die Tauferer Linie zurück! Heute wird der Spanglwirt, mittlerweile auch ein Hotel, bereits in vierter Generation von der Familie Moser geführt. Von den historischen Anfängen des Gasthauses zeugen noch der Wein- und Speckkeller, das Stubengetäfel, der Kachelofen und das Wirtshausschild – sie wurden schonend mit Neuem kombiniert.

Was die Speisen betrifft, wird die Tradition der einheimischen Küche hochgehalten. Das beginnt schon beim Suppentopf mit Nudeln und Rindfleisch oder der Tiroler Zwiebelsuppe. Eine beliebte Vorspeise ist das Ahrntaler Vorspeisenduett mit Käseknödeln und Schlutzern mit Spinat und Topfen oder die Buchweizenspatzln in der Pfanne mit Speckstreifen und Lauch sowie Rahmsauce. Gerne wird das Hirschcarpaccio mit Blattsalaten, Preiselbeerdressing und

Räuchertopfen bestellt. Einfach und gut sind die Grillwürste, weiters der Gemüsegrillteller mit gebackenem Camembert für Vegetarier. Italienische Gäste schwören auf den Apfelstrudel, der natürlich hausgemacht ist. Ein Großteil der Weine wird von der Kellerei St. Pauls geliefert, die eine breite Palette an Südtiroler Weinen anbietet – viele auch offen im Ausschank –, dazu gesellen sich gute Etiketten aus anderen Provinzen Italiens.

REINBACHFÄLLE UND FRANZISKUSWEG

Der Reinbach bildet, bevor er bei Sand in Taufers in die Ahr mündet, in der Tobl-Schlucht drei beeindruckende Wasserfälle. Sie sind, ausgehend vom Parkplatz in Bad Winkel, über einen Spazierweg (Markierung T) zu erreichen. Entlang des Weges ist ein dem hl. Franziskus gewidmeter Stationenweg errichtet worden, der an der ehemaligen Kapelle der Toblburg (heute Ruine) endet. Am oberen Ausstieg des Franziskusweges erwartet den Wanderer nach ca. 1 ½ Stunden Gehzeit ein gemütliches Gasthaus, der Toblwirt.

INFOS IN KÜRZE

Hotel Restaurant Spanglwirt ★★★
Fam. Moser
Ahrntaler Str. 23
39032 Sand in Taufers
Tel. 0474 678144
www.spanglwirt.com

Geöffnet von Ostern bis Allerheiligen und von Ende Dez. bis März, Mi. Ruhetag.

80 Plätze in zwei Stuben und im Weinkeller, eigener Speisesaal für Hausgäste, 20 Plätze auf der Terrasse vor dem Haus, €€

60 : MOOSMAIR, SAND IN TAUFERS

Im Tauferer Ahrntal schmiegt sich der Ort Ahornach auf 1.300 m Höhe an einen Hang und bietet einen schönem Ausblick auf die Dolomitenspitzen, die im Süden über waldige Bergkuppen lugen. Gleich neben der Kirche mit dem spitzen gotischen Turm liegt der Gasthof Moosmair.

Mit dem Kirchenbau um 1512 war auch die Vergabe einer Gasthauslizenz in Ahornach verbunden. So kommt es, dass sich die Wurzeln des Moosmairhofes bis ins Jahr 1562 zurückverfolgen lassen. Bauernhof und Wirtshaus sind von nun an immer eins. Der „Mössma", wie er auch genannt wird, wechselte öfter den Besitzer, war aber immer ein beliebter Treffpunkt der Einheimischen des wahrhaft kleinen Dorfes. Seit nunmehr drei Generationen führt die Familie Ebenkofler den Gastbetrieb, im Jahr 2007 eröffnete sie nach einem unfassenden Umbau das Naturhotel Moosmair. Die alten Wirtsstuben wurden wieder eingebaut, der neue Trakt wurde – unter Verwendung ökologischer Materialen – mit allem Komfort ausgestattet. Heute präsentiert sich der Moosmair als gelungene Mischung aus Dorfwirtshaus, Hotel, Kräuter-Spezialitätenrestaurant und Landwirtschaft.

Zum Moosmair gehören gleich zwei Restaurants: Im Kräuterrestaurant „Arcana" wird fein getafelt, während in der Gastwirtschaft Tagesgäste, Einheimische und Wanderer einfach und unkompliziert auf ihre Rechnung kommen. So gibt es Jausenteller mit vielen lokalen Produkten wie etwa Graukäse, Speck, Kaminwurzen und Almkäse, weiters Pressknödel in der Suppe oder mit knackigem Krautsalat, Gnocchi, ein saftiges Zwischenrippenstück in Lagreinsauce oder verschiedene hausgemachte Sorbets und Kuchen. Im Restaurant werden die feineren Geschmacksnerven angesprochen: Köstlich schmeckt die marinierte Bachforelle in Gewürztraminer-Dillessenz mit Tomatenwürfeln und Pestwurzchutney! Der rote und der weiße Hauswein kommt von der E & N Kellerei aus Kaltern, viele Südtiroler Weine gibt es glasweise. Bei den Weißweinen stehen auch besondere Tropfen aus Österreich und Deutschland zur Auswahl, bei den Rotweinen erwartet den Gast ein Querschnitt aus den besten Weingegenden Italiens.

KRÄUTERRESTAURANT „ARCANA"

Dem Rhythmus der Natur zu folgen zählt zum Konzept von Hotel und Restaurant, welches auch gern von den Einheimischen besucht wird. Wildkräuter spielen dabei eine besondere Rolle und werden nicht nur in der „Hexenküche" sondern auch in der Kräuterschwitzstube oder als Tinkturen und heilende Öle eingesetzt. Sie sind das Spezialgebiet von Anneres Ebenkofler, Ernährungsberaterin mit Ausbildung in traditioneller und moderner Kräuterbehandlung, die mit Bruder Helmuth das Hotel führt. Aber nicht nur der Körper ist hier gut aufgehoben, sondern auch die Seele: Wer nicht alleine speisen will, kann sich im Restaurant zur Freundschaftstafel anmelden und Gleichgesinnte treffen.

INFOS IN KÜRZE

Gasthof Naturhotel Moosmair ***S
Kräuterrestaurant Arcana,
Fam. Ebenkofler
Ahornach 44
39032 Sand in Taufers
Tel. 0474 678046
www.moosmair.it
www.restaurant-arcana.it

Im Gasthof kein Ruhetag, Arcana: Di. ganztägig, Mi. Mittag Ruhetag, im Nov. und drei Wochen nach Ostern geschlossen.

25 Zimmer, 40 Plätze im Restaurant, 30 in der Wirtschaft, 30 auf der Terrasse, €€

61 MÖSENHOF, WEISSENBACH

Vom Ahrntal zweigt eine Straße in ein verträumtes, malerisches Bergtal ab. Sie steigt bei Luttach in Kurven an und führt zu einem weiten Wiesenboden, wo sich auf 1.334 m einige wenige Häuser, darunter der Mösenhof, um die gotische Kirche gruppieren.

Im Jahr 1900 kauften die Vorfahren der jetzigen Besitzer den Mösenhof, einen der großen Bauernhöfe des Tales. Ebenerdig war ein Gemischtwarenladen untergebracht, wo die Leute nach dem sonntäglichen Kirchgang das Nötigste einkaufen konnten. Danach wurde auch etwas ausgeschenkt, sodass sich nach und nach ein kleines Gasthaus entwickelte. Später kamen einige Gästezimmer dazu, um die ersten, vorwiegend bundesdeutschen Sommertouristen unterzubringen. Frau Waltraud Kirchler, die Seniorchefin, ist mit Hingabe Wirtin und erzählt gerne von dieser Zeit des Aufbruchs und der touristischen Entwicklung. Den etwas ungewöhnlichen Namen des Wirtshauses erklärt sie so: „Die ebenen Wiesen sind einst sumpfig gewesen, ein Moos, in der Mundart ‚Mös'". Am Sonntag, nach der Kirche, kommen die Einheimischen gern zum Plausch und einem Glasl, ansonsten ist das Gasthaus nur am Abend geöffnet.

Sohn Josef Kirchler, gelernter Koch, führt die einfache und bodenständige Küche der Mutter weiter, seine Schwester Maria-Agatha hilft im Service. Beliebt sind die hausgemachten Schlutzkrapfen oder das Knödeltris. Auch zum Gulasch werden Knödel gereicht. Es gibt regelmäßig Thementage wie zum Beispiel den „Haxntag" am Mittwoch: Da kommen knusprige Schweinshaxen aus dem großen Grill auf den Tisch. Am Donnerstag stehen Rindsfilet und Steak auf dem Programm. Der Montag ist der vegetarischen Küche vorbehalten, zwischendurch locken die „Vitalwoche" oder die „Nudelwoche". Im November bildet Bauernkost zwei Wochen lang den Schwerpunkt, mit

deftigen Gerichten wie „gibochns Melchamus“, einem Brei aus Weizenmehl, Milch und Rahm, der in Butterschmalz knusprig braun gebraten wird. Auch die Apfelkiechln sind hausgemacht. Die den Speisen angepasste Weinauswahl umfasst etliche tolle Weine, darunter St. Magdalener, Cabernet, Lagrein und Blauburgunder.

ZUR GÖGE ALM

Von Weißenbach aus bietet sich eine Wanderung auf guten Wegen zur Göge Alm (2.027 m) an. Die Tour beginnt am Dorfende: Der Weg folgt dem Talverlauf, stetig steigend über ein kurzes Stück Asphalt und weiter durch schönen Wald, an rauschenden Bächen und der Tratter Alm (Einkehr) vorbei bis über die Baumgrenze in einen ausgedehnten Bergkessel hinein. Dabei bieten sich beeindruckende Ausblicke auf die Zillertaler Bergwelt! Die Göge Alm selbst, eine viel besuchte Einkehr mit Kinderspielplatz und der Bergkapelle Maria Schnee, liegt am Ende eines weiten Almbodens.
Geöffnet von Mitte Juni bis Mitte Okt, Fam. Niederkofler,
Tel. 349 2388979. Knappe 2 Stunden Gehzeit ab Weißenbach.

INFOS IN KÜRZE

Gasthof Mösenhof
Fam. Kirchler
Weißenbach 28
39030 Ahrntal
Tel. 0474 671768
www.moesenhof.com

Ganzjährig abends,
So. ganztags geöffnet,
Di. Ruhetag.

In den Gaststuben bis zu 40 Plätze, vor dem Haus 20 Plätze an Gartentischen, 7 einfache Zimmer, €

62 STEINHAUSWIRT, STEINHAUS

Wiesen- und waldreich und von mächtigen Bergen überragt, schiebt sich das Ahrntal von Sand in Taufers nach Nordosten hin und weist wie ein Finger ins österreichische Bundesgebiet hinein. Es bildet den nördlichsten Punkt Italiens. Im Dorf Steinhaus stehen neben der Kirche einige auffällig altrosa getünchte Gebäude mit hellen Fenstereinfassungen. Sie bildeten einst das Verwaltungszentrum des Kupferbergwerks. Eines davon ist der Steinhauswirt.

Die Gastwirtschaft wurde erstmals 1524 erwähnt, damals hieß sie Gasthof „Zu den Gewerken", wie die Betreiber eines Bergwerks genannt wurden. Das mächtige Haus neben der Wirtschaft war das Lebensmittelmagazin des Bergwerks und wurde 1470 errichtet. Vermutlich ist das Wirtsgebäude ebensoalt. Die letzten Bergwerksbetreiber, die Grafen Enzenberg, verkauften es 1980 an die Familie Niederkofler, die es seit dem Umbau im Jahr 2002 mit neuem Schwung führt. Hausflur, Stübele und Keller weisen noch die alten Gewölbe auf, während die anderen Räume geschmackvoll modern eingerichtet sind. Die Hausgäste werden im Obergeschoss in einem eigenen Speisesaal bedient, im Erdgeschoss kehren die Tagesgäste ein. In den Stuben, im Schankraum sowie im Raucherraum und im hellen Wintergarten ist viel Platz, im Sommer sitzen die Gäste gern im Innenhof oder im Gastgarten unter dem alten Bergahorn.

Das Besondere am Steinhauswirt ist das Nebeneinander von einfachen Gerichten wie etwa Pizza und raffinierten Speisen, die vom Wirt Elmar Oberjakober, der eine internationale Erfahrung in besten Häusern aufweist, und seinem jungen Team serviert werden. Da mischt sich Mediterranes – etwa eine hervorragende Fischsuppe – mit Lokalem wie den „Rübenkrautmantilan" (Teigflecken mit Rübenkraut, gerösteten Speckstreifen und Lauch), Hirschcarpaccio mit geräuchertem Topfen oder geschmorter Rinderwange mit Rosmarinrisotto.

Die umfangreiche Weinkarte umfasst Weine aus ganz Italien. Unter jenen aus Südtirol nehmen die des Weinguts Manincor wegen des Bezugs zur Besitzerfamilie von Enzenberg eine Vorzugsstellung ein. Dessert- und Schaumweine runden das breit gefächerte Angebot ab.

BERGBAUMUSEUM STEINHAUS

In Prettau wurde über 500 Jahre lang Kupfer geschürft. Das Verwaltungszentrum des Bergwerks mit Magazinen, Berggericht und Wohnort der Verwalter lag in Steinhaus. Im Kornkasten, dem mehrstöckigen ehemaligen Lebensmittelmagazin, befindet sich seit 2000 das Bergbaumuseum Steinhaus. Es lässt anhand von Holzmodellen, Gemälden, Karten und Dokumenten, Büchern, Fundstücken aus dem Bergwerk sowie mit Videos und Projektionen die Geschichte des Bergbaus und dessen Auswirkungen auf das Tal und seine Bewohner aufleben.
Geöffnet: 26. Dez.–Ende März: Di., Mi. 9–12 und 15–18, Do. 15–22, Sa. 15–18, So. 14–18 Uhr; Anfang Apr.–Ende Okt.: Di.–So. 9.30–16.30, Do. 9.30–22 Uhr, www.bergbaumuseum.it

INFOS IN KÜRZE

Gasthof
Steinhauswirt ***
Barbara Niederkofler
Steinhaus 97
39030 Ahrntal
Tel. 0474 652241
www.steinhauswirt.com

Mo. ganztägig und
Di. Mittag geschlossen.
Im Haus bis zu 90 Plätze,
im Innenhof und Garten 40,
7 Appartements und
17 Zimmer, €

63 : MESSNERWIRT, OBEROLANG

Zu Füßen des Kronplatzes liegt Olang inmitten von Wiesen und Wäldern. Eigentlich sind es vier verschiedene Dörfer, die eine Großgemeinde bilden: Geiselsberg, Ober-, Mitter- und Niederolang, jedes mit einer eigenen Kirche. Unser Ziel ist der Messnerwirt in Oberolang.

Bereits im Jahr 1691 wird ein Wirt in Oberolang erwähnt. In den 30er-Jahren des letzten Jahrhunderts waren die Wirtsleute auch Metzgermeister. Der Name weist auf den Mesnerdienst hin, den die Gastwirte lange Zeit in der nahen Kirche ausübten. Obwohl sich der Messnerwirt mittlerweile zu einem gut geführten Komforthotel gewandelt hat, ist er Mittelpunkt des dörflichen Gasthauslebens geblieben. Nach der sonntäglichen Messe kommt der Pfarrer zu einem Plausch mit den Einheimischen in die alte historische Wirtshausstube, die den Zustrom der Gäste kaum fassen kann. Das Wirtshauskonzept kommt gut an: So etwa weilt ein Stammgast aus Mailand bereits seit über 50 Jahren regelmäßig 57 Tage im Messnerwirt. Im Sommer schätzen die Gäste den Garten und so mancher Radler, der auf dem am Haus vorbeiführenden Pustertaler Radweg in die Pedale tritt, lässt sich gerne zu einer Rast verführen.

Während Margareth Oberhammer und Sohn Daniel sich um den Service kümmern, waltet Herbert Oberhammer in der Küche. Es gibt feine traditionelle Gerichte wie Gerst- und Weinsuppe oder saures Rindfleisch. Beliebt und bekannt ist der Bauernschmaus für zwei Personen mit Selchkarree, Wildragout, Schweinshaxe, Sauerkraut, verschiedenen Knödeln, Gemüse und Salaten. Das Fleisch stammt von einheimischen Tieren. Zu den Speisen werden sehr gute Südtiroler und italienische Weine serviert. Die Etikette des Hausweins – ein St. Magdalener – ziert der Spruch: „Trink solang' der Becher winkt, trinke alle Tage, ob man droben auch noch trinkt, das ist eine Frage".

PFARRKIRCHE MARIÄ HIMMELFAHRT

Der Messnerwirt steht unmittelbar neben der Pfarrkirche von Oberolang, deren spätgotischer Bau 1472 eingeweiht wurde. Am 19. August 1997 machte Restaurator Eduard Kaiser an der Westfassade der Kirche einen sensationellen Fund: Hinter einer dicken Mörtelschicht kam ein riesiges Christophorus-Fresko zum Vorschein, das dem einheimischen Meister Friedrich Pacher zugeschrieben wird. Es war im 17. Jh., zur Zeit der Pest, mit Mörtel zugedeckt worden und seither in Vergessenheit geraten. St. Christophorus ist der Patron der Reisenden – übrigens auch der Autofahrer. Früher war der Glaube verbreitet, dass derjenige, der das Bild des Heiligen andächtig betrachtet, vor einem plötzlichen Tod bewahrt wird. Das Fresko war deshalb so groß, damit es auch aus der Ferne gut sichtbar war.

INFOS IN KÜRZE

Hotel Messnerwirt ***S
Fam. Oberhammer
Kirchgasse 7
39030 Olang
Tel. 0474 496178
www.messnerwirt.com

Ostern–Mitte Mai und im Nov. geschlossen, kein Ruhetag.
In den drei Stuben bis zu 60 Plätze, eigener Speisesaal für Hausgäste, vor dem Haus 20 Plätze an Gartentischen, 21 moderne Zimmer, Saunalandschaft „Burgbadl", €€

64 BRUGGERWIRT, ANTHOLZ

Von Olang aus zieht sich das sonnige Antholzertal breit nach Norden hin. Beim idyllischen Antholzer See steigt die Straße auf den auf 2.052 m gelegenen Gebirgspass Stallersattel und senkt sich dann ins österreichische Defreggental ab. In der Ortschaft Mittertal, die – wie der Name schon sagt – in der Talmitte liegt, befindet sich der Bruggerwirt.

Der Bruggerwirt, ein stattliches Gebäude mit Walmdach, einem neueren Zubau und einer Freitreppe, die zu den Gasträumen im Hochparterre führt, steht schräg gegenüber der Kirche an der alten Dorfstraße. Einmalig ist die sogenannte „Apostelstube" von 1835: Das Stubengetäfel zieren große Abbildungen der hl. Apostel. Unwillkürlich fühlt sich der Besucher in einen religiösen Kontext versetzt und wähnt sich nicht unbedingt in einem Wirtshaus. Bei einem guten Glas Wein, dem hervorragenden Essen und einem Wortwechsel mit dem leutseligen Wirt vergeht die Ehrfurcht vor dem sakral anmuten-

BIATHLONZENTRUM ANTHOLZ

Antholz gilt als das Mekka des Biathlonsports: Die im Langlaufzentrum alljährlich stattfindenden Weltcuprennen ziehen Zehntausende Zuschauer an. Das Wettkampfstadion kann besichtigt werden und bietet die Möglichkeit, sich im Schießen zu üben. Auch im Sommer ist das Gelände mit den Sportanlagen für Besucher geöffnet. Das Sportzentrum ist nicht weit vom Antholzer See entfernt. Der Rundgang um den schön gelegenen, blaugrünen See, in dem sich Gipfel und Wälder spiegeln, ist ein leichter, überaus lohnender Spaziergang von 1½ Stunden. Info: www.biathlon-antholz.it

den Ambiente jedoch rasch. Mittags sorgen Arbeiter meist für einen vollen Speisesaal, am Sonntag, nach der Messe, kommen die Einheimischen gern zum Kartenspiel. Auch die illustren Gäste, die den Bruggerwirt für ihren Urlaub gewählt haben, fühlen sich hier wohl. Zu ihnen zählt etwa Claudio Magris, einer der Großen der zeitgenössischen italienischen Literatur und Träger unzähliger Auszeichnungen, der seit über 40 Jahren im Gasthof logiert. Auch der Schweizer Schriftsteller Max Frisch kehrte einst gern beim Bruggerwirt ein. Zum Haus gehört eine eigene Landwirtschaft und eine Alm auf der Osttiroler Seite im Defreggental. Dorthin werden die Kühe zur „Sommerfrische" gebracht und im Herbst wieder abgeholt.

Die Speisekarte untersteht dem Motto „Bauernküche": So gibt es als Vorspeise zum Beispiel die Bauernsuppe, eine Brennsuppe mit „Bröcklen" (harten Roggenbrotstückchen). Auch Gerstsuppe, saures Rindfleisch, allerlei Knödel oder die Hauswurst mit dem Fleisch von den eigenen Rindern und Schweinen stehen zur Auswahl. Der Besitzer Simon Niederkofler hat in seiner italienischen Frau Adriana, die sich hier gut eingelebt hat, eine begeisterte Kuchenbäckerin gefunden. Auf der kleinen Weinkarte stehen die wichtigsten Südtiroler Tropfen: Kalterersee, St. Magdalener, Grauvernatsch, Lagrein, Weißburgunder, Ruländer und Gewürztraminer.

INFOS IN KÜRZE

Gasthof Bruggerwirt **
Fam. Niederkofler
39030 Antholz-Mittertal
Tel. 0474 492120
www.bruggerwirt.it

Ganzjährig geöffnet, Do. Ruhetag (außer an Weihnachten und im Hochsommer).

35 Plätze in der Stube, 20 auf der Terrasse, 20 gut ausgestattete Zimmer

65 KAHNWIRT, GSIES

Kurz bevor die Straße vor St. Magdalena wieder zu steigen beginnt, liegen im breiten Talboden von Gsies der Weiler und die Kirche St. Martin. Neben dieser befindet sich der traditionelle und heimelige Kahnwirt, ein beliebtes Ausflugsziel für viele Talbesucher, aber auch ein Treffpunkt für die Einheimischen.

Das Anwesen scheint bereits um 1360 erstmals als „Chanhof" auf, seine Entstehung liegt aber wohl noch weiter zurück und hängt mit dem Bau der Kirche von St. Martin zusammen. Der Kahn gilt als der älteste Erbhof im Gsieser Tal und ist vermutlich einer der ältesten in Südtirol überhaupt. 1425 wird ein Mesner Chan vom Chanhof erwähnt. Insgesamt übte die Familie Kahn über 500 Jahre lang den Mesnerdienst in der Kirche aus. Um 1600 findet der Hof auch als Wirtshaus Erwähnung. Die Gaststube mit dem prächtigen Getäfel befand sich damals im ersten Stock. Sie diente in erster Linie der Bewirtung von Gästen, wurde aber auch als Amtszimmer genutzt. Die Kahns waren nämlich nicht nur Wirtsleute, sondern auch Talschaftsvorsteher, Gerichtsanwälte und grundherrschaftliche Verwalter. Für ihre Verdienste wurde ihnen im 17. Jh. ein Wappen verliehen.

Beim Kahnwirt steht die bodenständige, regionale Küche von Frau Rita, einer waschechten Gsieserin, im Mittelpunkt. Es heißt, ihre Knödel seien die besten weit und breit! Dazu gesellen sich hausgemachte Schlutzkrapfen, Kasnocken (Nockerln mit würzigem Käse), die Gerstsuppe oder die Tirtlan, mit Spinat, Kraut, Kartoffeln oder Topfen gefüllte und gebackene Teigtaschen. Weiters gibt es auch Rindsgulasch, Schweinerippchen und je nach Saison Pilzgerichte und Wild. Bei den Nachspeisen liegt der Schwerpunkt ebenfalls auf alten Hausrezepten, wie etwa Germkrapfen mit Preiselbeeren, Apfelkiechln oder köstliche hausgemachte Kuchen. Die Weinauswahl ist bescheiden, aber durchaus den Speisen angepasst.

DIE VOTIVTAFEL BEIM KAHNWIRT

Im Wirtshaus ist eine Votivtafel aus dem Jahr 1735 zu sehen. Dabei handelt es sich um eine Kopie, das Original ist aus Sicherheitsgründen verwahrt. Darauf abgebildet sind vier Pferde, jedes von einem Füllen begleitet, die einen Wagen mit einer schweren Weinfuhre ziehen. Auf den Wolken darüber sind eine Madonna (Mariahilfbild nach Lucas Cranach dem Älteren) und die Heiligen Antonius von Padua, Silvester und Martin zu sehen, allesamt Viehpatrone. Die Entstehung des Bildes hängt mit einem Weineinkauf des Kahnwirtes im Unterland zusammen. Auf der Rückreise brachten die vier trächtigen Stuten während einer Übernachtung in Auer jeweils ein Füllen zur Welt. Der Wirt gelobte, eine Votivtafel zu stiften, sollte es ihm gelingen, die vier Stuten, die Weinfuhre und die vier neugeborenen Füllen nach Anrufung der Heiligen sicher nach Hause zu bringen.

INFOS IN KÜRZE

Kahnwirt
Fam. Kahn
St. Martin 16
39030 Gsies
Tel. 0474 978409
www.kahnwirt.it

Ganzjährig geöffnet, Mo. Ruhetag, ausgenommen Juli und Aug.
In den Stuben bis zu 50 Plätze, vor dem Haus 20 Plätze im Garten, 6 Zimmer, unweit des Gasthauses steht eine moderne, komfortable Residence mit etlichen Ferienwohnungen,

66 BADL, GSIES

Das 20 km lange Gsieser Tal zweigt bei Welsberg vom Pustertal ab und verläuft weit und fast eben bis zu den Defregger Alpen an der Grenze zu Österreich. Das Tal ist von einer intakten, von fleißigen Bauershänden geformten Kulturlandschaft geprägt. Immer wieder sind behäbige Bauernhöfe in die Wiesen eingestreut. Gleich am Eingang zum Dorf St. Magdalena liegt auf 1.400 m das Gasthaus Badl.

Der Name weist bereits darauf hin: Hier gab es bis in die 1960er-Jahre hinein einen Badebetrieb, das sogenannte Bauernbadl. Neben dem Haus entspringt eine Quelle, der eine heilkräftige Wirkung zugeschrieben wird. 1929 beschreibt Ignaz Mader das Badl in seinem Buch „Die Bäder und Heilquellen im Hochetsch": „Das Gsieser Bad (1400 m in S. Maddalena in Casies [die Ortsnamen durften zur Zeit des Faschismus nur in Italienisch angegeben werden, A. d. V.] ist eine kleine Anstalt, die nur von Einheimischen gegen Rheumatismus, Muskel- und Gliederschmerzen gebraucht wird. Es besteht vermutlich schon längere Zeit; im Jahre 1830 wurde das Bezugsrecht der Quelle, welche eisenhaltig sein soll, privatrechtlich erworben. In der Badeliteratur findet man es nie erwähnt, muß demnach außerhalb des Tales nicht bekannt geworden sein". Der Badebetrieb wurde inzwischen eingestellt, das Wasser der Quelle in die öffentliche Wasserleitung eingespeist, durch die es nach St. Martin fließt. Geblieben ist ein einfaches Gasthaus, wie es bei den Bauernbädern der damaligen Zeit üblicherweise zu finden war, denn gutes Essen und Trinken gehörte zu einem erholsamen Kuraufenthalt einfach dazu. Die alte bemalte Stube stammt aus dem Jahr 1841, das Gebäude ist jedoch wesentlich älter.

Die Schwestern Christine und Waltraud Hofmann sorgen für das verlockende Angebot an unverfälschten, einfachen Gerichten und eifern mit dem Kahnwirt in St. Martin um die Wette, wer die besten Knödel weit und breit kocht! Beim Badl jedenfalls gibt es neben den üblichen Speck- und Pressknödeln auch Kräuterknödel mit Gutem Heinrich und Petersilie. Das Sauerkraut, das etwa zur Schweinshaxe gereicht wird, ist selbst gemacht. Die italienischen Gäste schwören auf Polenta mit Pilzen. Die Auswahl an Flaschenweinen ist bescheiden, dafür sind die Nachspeisen berühmt: schwarzplentener (Buchweizen-) Kuchen, Rhabarber- und Johannisbeerschnitten, Apfelkiechln und natürlich Apfelstrudel!

BAUERNHOFMUSEUM VOADOHUIBN

Auf Voadohuibn, einem der höchsten Höfe bei St. Magdalena, haben die Bauersleute ein Museum eingerichtet. Darin geben sie ihren Besuchern anhand von alten Geräten einen anschaulichen Einblick in die karge Lebensweise der Bergbauern von einst. Im Anschluss an die Führung werden auf Wunsch traditionelle Gerichte serviert!
Info: Maria und Eduard Hofmann, Bergerstraße 41, 39030 Gsieser Tal, Tel. 0474 948065 oder 335 5322258, www.voadohuibn.com

INFOS IN KÜRZE

Gasthof Badl
Geschw. Hofmann
Magdalenastr. 5a
39030 St. Magdalena/Gsies
Tel. 0474 948088

Do. Ruhetag.
In den zwei kleinen Stuben bis zu 30 Plätze, vor dem Haus ein Tisch unter einem Sonnenschirm, Reservierung zu empfehlen, €

67 ⋮ DOLOMITEN, PRAGS

Das Pragser Tal mit seinen dunklen Wäldern, sattgrünen Wiesen und dem glasklaren See, in dem sich die Felswände des Seekofels spiegeln, gilt als eines der schönsten Täler in den Dolomiten. Im Talgrund, an einem munter plätschernden Bach, liegt der kleine Weiler Schmieden mit dem Gasthof Dolomiten, unserem Ziel.

Das Gasthaus Dolomiten steht am Rande des Pragser Baches. Bis vor wenigen Jahrzehnten war hier noch eine Schmiede in Betrieb: Bauern brachten ihre Pferde, um sie beschlagen zu lassen, das Bachwasser sorgte für den Antrieb des Hammerwerks. Als der Tourismus in den Dolomiten Einzug hielt, wurde auch ein Gasthaus errichtet. Dieses führt die Besitzerfamilie Jesacher mittlerweile bereits in fünfter Generation. Seine heutige Form mit der ausladenden hölzernen Veranda bekam das Haus bereits 1928, aus dieser Zeit stammt auch die getäfelte Stube, während der helle Schankraum auf der Südseite auf die 1970er-Jahre zurückgeht. Die Jagdtrophäen und Bilder an den Wänden deuten schon darauf hin, dass der Wirt Eduard Jesacher, Jahrgang 1965, auch passionierter Jäger ist. Sein Sohn Christian besucht die Hotelfachschule, hat Freude am Kochen und drängt darauf, das Erlernte in den Betrieb einzubringen.

Für die gute Landhausküche mit italienischem Einschlag sorgt Helga Jesacher, die in der Küche von Schwiegermutter Marianne unterstützt wird. Im Herbst gibt es viel Wild. Im Sommer stellen italienische Urlauber das Gros der Gäste dar, sie schätzen vor allem Pilze, Gulasch und Polenta. Neben allerlei Nudelgerichten dominieren herzhafte Südtiroler Speisen: Knödel, Schlutzkrapfen, Geräuchertes und Geselchtes, Schmarrn und Gerstsuppe. Auf Bestellung werden auch Schweins- und Kalbshaxen zubereitet. Zum Abschluss verwöhnen Apfel- und Marillenstrudel den Gaumen. Der verdauungsfördernde Heidelbeerschnaps ist selbst angesetzt. In der Mittagszeit, wenn auch Arbeiter hier ihre Mahlzeit einnehmen, herrscht schon mal Gedränge. Dafür lässt sich im Sommer auf etliche Tische im Gastgarten ausweichen.

HOTEL PRAGSER WILDSEE

Gegen Ende des Zweiten Weltkriegs war der Pragser Wildsee Schauplatz besonderer Ereignisse. Da die nationalsozialistische Führung hoffte, ihre prominentesten politischen Häftlinge für eine bessere Verhandlungsposition gegenüber den Alliierten einsetzen zu können, wurden diese im April 1945 von Dachau nach Niederdorf gebracht. Die 139 Personen aus 17 Ländern, darunter der ehemalige österreichische Bundeskanzler Kurt Schuschnigg und der mehrfache französische Ministerpräsident Léon Blum, konnten aber dank des mutigen Handelns eines deutschen Offiziers aus den Händen der SS befreit werden. Sie kamen im Hotel Pragser Wildsee unter, bis sie am 4. Mai 1945 von der US-Armee übernommen wurden. Im Hotel erinnert ein Dokumentationszentrum daran. Info: www.lagodibraies.com

INFOS IN KÜRZE

Gasthof Dolomiten
Fam. Jesacher
Schmieden 39
39030 Prags
Tel. 0474 748677
www.gasthof-dolomiten.com

Ganzjährig geöffnet, außerhalb der Saison Mo. Ruhetag im Barbetrieb, nicht jedoch für Hausgäste.

25 Betten, komfortable Zimmer, 60 Plätze im Haus, 20 im Garten, €

68 ⋮ ADLER, NIEDERDORF

Seit einigen Jahren sorgt in Niederdorf, einem schön gelegenen Höhenkurort im oberen Pustertal, eine Umfahrungsstraße für die Umleitung des Durchgangsverkehrs – Dorfplatz und –straße gehören also wieder den Fußgängern. In dieser beschaulichen Lage hat sich der Adler vom Dorfwirtshaus zu einem komfortablen Hotel gemausert, ohne dabei die alten Wurzeln aus den Augen zu verlieren.

Das Gebäude des Adler weist ein beträchtliches Alter auf: Um 1600 wird erstmals die „Oberkurzische Wirtsbehausung" erwähnt, so benannt nach den damaligen Besitzern, den adeligen Herren von Kurz zum Thurn. Als der letzte Nachfahre dieser Familie 1843 seinen Wohnsitz nach Venedig verlegte, wurde das Haus verkauft. In der Folge wechselte der Gasthof öfter den Besitzer und hieß nun Goldener Adler. 1962 erwarb die Familie Pircher das Wirtshaus, die es nach mehrmaligen Modernisierungen nun als 4-Sterne-Hotel führt. Die Tradition des Dorfgasthauses, in dem sich die Einheimischen in den getäfelten Gaststuben aus dem 17. Jh. treffen oder Wanderer und Durchreisende zum Mittags- und Abendtisch einkehren, wird bewusst gepflegt. Von renommierten Fußballclubs, die im Sommer hier ihre Trainingseinheiten absolvieren, wird der Adler auch gerne als Mannschaftsquartier genutzt.

Helene Pircher, die Schwiegertochter des Hauses, bringt ihre Erfahrung als Köchin in vielen guten Häusern ein und verwöhnt die Gäste mit einer verfeinerten einheimischen Küche. Schon das Lesen der Speisekarte bereitet Genuss: Lammkoteletts mit Radicchiokruste, Frischkäse im Speckmantel, Rinderfilet à la Adler oder Frischkäsetaschen aus Boxelemehl (Mehl aus Johannisbrotschoten). Je nach Jahreszeit sind Wild, Spargeln, Pilze, Kürbis oder Radicchio die Hauptdarsteller. Die Weinkarte kann ebenfalls mithalten, neben dem Schwerpunkt Südtirol sind verschiedene italienische Anbaugebiete vertreten. Von den besten Tropfen liegen auch Magnumflaschen in den Regalen.

DER KURPARK IN NIEDERDORF

Mit dem Kurpark, einer großzügigen, sich auf fünf Hektar erstreckenden Parkanlage, hat Niederdorf eine Attraktion, die den Neid manch größerer Stadt auf sich ziehen könnte: reichlich Wald und Wiesen mit breiten Wegen und stillen Steigen, ein schäumender Bach, ein Botaniklehrpfad, eine Kneippanlage (zahlungspflichtig), Tische und Bänke sowie eine riesige Auswahl an Spielgeräten für Kinder jeden Alters, darunter Hängebrücken, Seilrutschen und Schaukeln. Ein tolles Freizeitprogramm, besonders für Familien!

Info: www.hochpustertal.info

FREMDENVERKEHRSMUSEUM HOCHPUSTERTAL

In Niederdorf zeigt das Fremdenverkehrsmuseum Hochpustertal anschaulich die vielen Facetten einer sich rasch entwickelnden Branche, von den Anfängen des Fremdenverkehrs bis hin zum aktuellen Tourismus.

Hans-Wassermann-Str. 8, 39039 Niederdorf, Tel. 0474 745133, Öffnungszeiten: Dez.–Febr. und Mai–Juni: Fr. und So. 16–19 Uhr, Sa. 9–12 und 16–19 Uhr; Juli–Sep. und Weihnachten: Di.–So. 16–19 Uhr

INFOS IN KÜRZE

Hotel Adler ****
Fam. Pircher
Von-Kurz-Platz 3
39039 Niederdorf
Tel. 0474 745128
www.hoteladler.com

Dez.–Mitte Apr. und Mai–Okt. geöffnet, Di. Ruhetag.
80 Plätze im Speisesaal, 40 in der Stube, 30 auf der Terrasse

Hotel mit 38 Zimmern, darunter einige Suiten, mit viel Komfort, Hallenbad und Spa-Bereich, €€

69 WIESTHALER, INNICHEN

Innichen, der Hauptort des Hochpustertals, hat ein fast schon kleinstädtisches Gepräge mit einem verkehrsberuhigten Zentrum, das vom Turm der romanischen Stiftskirche und jenem der barocken Michaelskirche überragt wird. Zwischen den beiden Kirchen liegt das Restaurant Wiesthaler.

Der Wiesthaler ist eines der wenigen noch ursprünglichen Dorfgasthäuser im Pustertal. Bereits 1550 wird es als Bäckerei und Branntweinschenke erwähnt und überdauerte seither gute und schlechte Zeiten. Seit 1847 ist die Einkehrstätte im Besitz der Familie Wiesthaler, die es mit Sachverstand und Passion führt, sodass es sich zu einem beliebten Restaurant für Einheimische und Gäste entwickeln konnte. Bewusst wird Altes gepflegt: So wurde beim letzten Umbau entgegen dem Rat der Handwerker die alte Holztür erhalten und renoviert. Mittlerweile ist sie Mittelpunkt der allgemeinen Bewunderung. Eine der Stuben enthält interessante Täfelungselemente im Jugendstil. Entworfen wurden sie von einem Wiener Architekten, der in den 1920er-Jahren im Dorf tätig war.

Walter Wiesthaler kümmert sich um die Küche, seine Frau Anna um den Service. Und auch Sohn Christian ist auf dem richtigen Weg: Er hat eine Kochausbildung absolviert und wird die Fahne hoch halten. Die Speisekarte kombiniert gutbürgerliche Tiroler Gerichte mit italienischen Elementen. Das Fleisch wird von den Bauern angeliefert, das Wild, darunter Reh und Hirsch, von den Jägern aus dem Pustertal. Wild ist speziell bei den mehrheitlich italienischen Gästen beliebt und darf nie auf der Karte fehlen. Der Wiesthaler ist eines der wenigen Gasthäuser mit einem eigenen Forellenbecken. Für die gebratene Forelle, eigentlich ein einfaches Gericht, kommen die Gäste

von weit her, sodass in der Saison an die 100 Fische pro Woche in die Pfanne wandern. Auch der einfache, saftige Schopfbraten wird besonders geschätzt. Spargeln, Pilze, Kastanien und Kürbis runden das Angebot ab. Die Dessertkarte weist ebenfalls einen Tiroler Einschlag auf: Strudel und Kuchen, Topfenknödel mit Pflaumenragout oder frische Apfelkiechln aus selbst gemachtem Teig. Dazu wird eine schöne Auswahl an offenen Qualitätsweinen serviert, die meisten stammen aus Südtirol, aber auch aus anderen italienischen Regionen.

STIFTS- UND MICHAELSKIRCHE

Für jeden, der nach Innichen kommt, ist der Besuch der Stiftskirche ein Muss: Der mächtige Bau ist eines der Hauptwerke der Romanik im Alpenraum. Sehenswert sind das Südportal, die romanischen Innenfresken, das Kruzifix aus dem 13. Jh., die Krypta und der stimmungsvolle Friedhof mit den schmiedeeisernen Kreuzen. Die Michaelskirche, ebenfalls in unmittelbarer Nähe des Wiesthalers, ist ein schönes Beispiel einer üppig ausgestatteten Barockkirche an der Wende zum Rokoko.

INFOS IN KÜRZE

Restaurant Wiesthaler
Fam. Wiesthaler
Herzog-Tassilo-Straße 3
39038 Innichen
Tel. 0474 913103

Di. Ruhetag (außer Juli–Aug.), Nov. geschlossen.

In den Stuben bis zu 30 Plätze, vor dem Haus 20 Plätze an Gartentischen, €€

GLOSSAR

Zum besseren Verständnis der Speisekarten sind hier einige typische Südtiroler Gerichte und Begriffe erklärt.

Apfelkiechl: in Teig ausgebackene Apfelscheiben

Bauernbratl: Eintopf, Schweinebraten mit Kartoffeln

Bockernes: ähnlich dem Schöpsernen, aber vom jungen Geißbock

Buschenschänke: Die Tradition der Buschenschänke geht auf das Mittelalter zurück, als den Bauern zugestanden wurde, den eigenen Wein aufzuschenken. Heute werden meist traditionelle Gerichte angeboten. Buschenschänken dürfen nur sechs Monate im Jahr offen halten.

Erdäpfel: Kartoffel

Erdäpfelblattln: Gebackenes aus Kartoffelteig

Gerstsuppe: Suppe aus Gerste, Gemüse und Selchfleischstücken

Graukasnocken: Nocken mit kräftigem Magerkäse, dem sogenannten Graukas

Gröstl: Eintopf aus Bratkartoffeln und gekochtem Rindfleisch

Hauswurst: frische, gekochte Schweinewurst; klassisches Törggelegericht

Hofschänke: Hofschankbetrieb, in dem Produkte aus Eigenbau aufgetischt werden, gibt es auch in Gebieten, wo kein Wein angebaut wird.

Kaminwurz: Luftgetrocknete und leicht geräucherte, dünne Trockenwurst, die bei keiner Brettljause fehlen darf.

Kasnocken: Käsenocken

Keschtn: Kastanien (gebratene), die Edel- oder Esskastanien, in Österreich und Bayern Maroni genannt.

Kiechl oder **Kniekiechl:** Kreisförmiges Hefegebäck mit einer Vertiefung in der Mitte, die nach dem Backen mit Marmelade gefüllt wird.

Knödel: Faustgroße gekochte Klöße, deren Hauptbestandteile Semmeln, Speck, Eier, Milch und Mehl sind. Statt Speck werden oft auch Käse, Spinat und Pilze beigemengt.

Krapfen: Je nach Gegend rauten- oder halbmondförmiges Gebäck, das mit Mohn, Birnen- oder Preiselbeermarmelade, Aniszucker o. Ä. gefüllt wird.

Marille: Aprikose

Milzschnitten: Suppeneinlage, bei der Weißbrot mit Milz bestrichen, geschichtet, gebacken und dann geschnitten wird.

Mus: Früher das Volksgericht der armen Leute; es wird aus weißem, fein gemahlenem Maismehl gekocht; es gibt auch Gries- oder Schwarzplenten-Mus.

Nuier: neuer, meist noch gärungstrüber Wein

Omelett: Eierkuchen, Pfannkuchen

Ossobuco: Scheiben von der Kalbsstelze, also dem quer geschnittenen Markknochen der Stelze

Polenta: Maisbrei; wird als Beilage zu Pilzen, Braten oder Gulasch gereicht.

Pressknödel: flach gedrückter Knödel, erst gebraten, dann in Salzwasser gekocht

Ribisel: Johannisbeeren

Ribl: Krümelig gebratener Mais- oder Buchweizenbrei, oft werden auch Kartoffeln beigemischt.

Rindsgeselchtes: geräuchertes Rindfleisch

Rohnen: Rote Bete

Schlutzer / **Schlutzkrapfen:** mit Spinat gefüllte, halbmondförmige Teigtaschen, serviert mit zerlassener Butter und Parmesankäse

Schmarrn: In Stücke gerissenes Omelett, mit Zucker bestreut; beim Kaiserschmarrn werden dem Teig Sultaninen beigegeben.

Schneemilch: Nachspeise aus dem Vinschgau

Schöpsernes / Schöpsenbraten: Hammelbraten vom Jungschaf, der am besten im Rohr zubereitet wird. Im Herbst typisches Fleischgericht in den Berggasthäusern.

Schupfnudeln: in Butterbröseln leicht geröstete, fingerdicke, gekochte Nocken aus Kartoffelteig

Schüttelbrot: Der dünnflüssige Brotteig aus Roggenmehl wird nicht gewalkt, sondern auf einem runden Brett geschüttelt; so entstehen dünne, knusprige Fladenbrote, die lange haltbar sind.

Schwarzbeeren: Heidelbeeren

Schwarzplent: Buchweizen; das Mehl hat einen nussigen Geschmack und wird deshalb bevorzugt zu Kuchen, aber auch Knödeln verarbeitet.

Selchen: räuchern

Selchkarree: geräuchertes und gepökeltes Rippenstück vom Schwein, „Kassler“

Siaßer: süßer, unvergorener Traubenmost

Spatzln: Spätzle

Speck: Der Name „Südtiroler Speck“ wurde von der EU zum geschützten Markenprodukt erklärt. Er bezeichnet ausreichend gereiftes, leicht geräuchertes Schweinefleisch mit niedrigem Salzgehalt. Selbst gemachter „Bauernspeck“ ist heute selten, aber in manchem Dorfgasthaus noch zu finden.

Strauben: goldgelb gebackene, schneckenförmige, tellergroße Süßspeise

Suren: pökeln

Tirtlan: mit Sauerkraut, Quark, Spinat oder süß gefüllte und in Schmalz ausgebackene runde Teigtaschen

Topfen: Quark

Törggelen: Der Name kommt von der „Torggl“, der alten Weinpresse. Heute bezeichnet Törggelen die Verkostung des neuen Weins zu deftigen Schlachtplatten und gebratenen Kastanien.